成长手记系列

爸爸，你爱我吗？

——一位父亲和三岁女儿的成长故事

安风涛　著

教育科学出版社

·北　京·

献给长大后的安琪

致读者

亲爱的读者：

您好！

很高兴能够通过这种方式与您分享我和女儿间的点滴故事。这本书中记录的大部分故事，都是在我下班回家后和女儿互动过程中发生的。和很多父母一样，我的工作也十分地繁忙，陪伴孩子的时间也很有限。那么，如何在有限的时间里向孩子传达高品质的爱呢？我的答案是“做高质量的陪伴”。

一个妈妈陪儿子做作业，儿子做得慢时，催促他；做错题目时，埋怨他；不会做时，替代他。慢慢导致孩子对学习失去兴趣和信心，依赖家长，不能独立完成作业。另一个妈妈也陪儿子做作业，但她的陪，只是拿本书坐在一旁安静地阅读。当孩子有需要时，她会给予一些鼓励和引导，而不是直接提供帮助。慢慢地，孩子在妈妈的榜样示范下，能够静心学习，作业越做越好，可以独立完成。

这个例子中的两位妈妈同样是在陪孩子做作业，但是陪伴的质量就有很大差距了。第一个妈妈花费了很多时间和精力，却做了低效、低质量的陪伴，不仅影响了孩子的态度和习惯，而且亲子间的关系也会因为过多的埋怨和指责而变得疏远；第二个妈妈仅仅做了一个静心学习的榜样，孩子却因此而成长，亲子关系也会因为信任和鼓励而变得更加紧密。因此“做高质量的陪伴”是协助孩子成长，传递父母高品质爱的最佳方式。

为了提升自己陪伴女儿的质量，我阅读了国内外大量的家庭教育书籍，并将学习到的科学的家庭教育理念与自己掌握的心理学知识相结合，慢慢地形成了自己对家庭教育的理解。随着自己不断地学习，我开始有意识地利用这些理论来指导我和女儿的互动和沟通。令我欣喜的是，随着我的转变，女儿的转变更加明显，我们之间的关系也越来越紧密。

当我开始把这些亲子故事记录下来并发表在网上之后，竟然意外地得到了大量网友的点赞、好评、转载和转发。更意外的是，我的故事还吸引了教育科学出版社编辑的关注，于是便有了这本书。真心感谢朋友们不断给予的鼓励和支持，让我一直坚持记录到今天，同时我也计划着要把这个事坚持下去。

这本书中记录的都是我和三岁女儿之间发生的生活小事。这些小事是每个孩子在成长过程中都会经历的，同时也是困扰着很多家长的。在应对这些小问题的过程中，我尝试着使用一些相对专业的沟通技巧或应对方法，以达到化解矛盾、促使孩子获得成长的目的。在每篇日志的后面，我还加了一段自己对相关问题的看法，同时也给家长们提出一些建议。由于每个孩子都是不同的个体，父母们不要完全照搬照抄我的做法。建议家长在阅读这些教育故事的过程中多去思考我每一句应答女儿的话的目的是什么（要知道，我对女儿说的每一句话都不是随便说的），这么说有什么好处，怎样说会更好。

协助孩子成长真的没有那么难！学习一些科学的家庭教育理念，掌握一些有效的沟通方法，学会一些传递爱、表达爱的技巧。你会发现和孩子一起成长是那么的开心、轻松和享受。

随着女儿一天天长大，也会有更多的故事发生，我会及时记录和分享，希望我们的故事能让更多的家长重视对孩子的陪伴，更希望越来越多的家长在教育路上不再困惑，越来越多的孩子在温馨的家庭氛围中得到滋养，身心健康成长。

哦，对了！这本书之所以叫“爸爸，你爱我吗？”是因为我在用一本书的故事告诉我的女儿，我有多爱她。

安风涛

2013年11月19日

目　录

☆爸爸，爸爸，来

2012年4月17日 中午

父母和孩子沟通时，要多用积极的、欣赏的语言。孩子听多了，会慢慢变得乐观而自信。在陪伴孩子的过程中，父母用心与否，孩子完全可以体会得到。

很久没尿床的安琪，昨晚把床尿湿了，一半床没法睡，妈妈抱她去客房继续睡觉。早晨我早起，收拾停当，准备出门时听到房间里传出：

“爸爸！”

我不作声。（想让她以为我已经走了。）

“爸爸！”

继续保持安静。

“爸爸，爸爸，进来！”

不能再装了，我推门走进客房。

安琪马上爬起来搂住我的脖子。

“来吧，爸爸抱一会儿我的小宝贝再走。”

安琪舒舒服服地躺在我的怀里。

“安琪是个好孩子。”我看着她的眼睛，真诚地说。

点头。

“你是一个勇敢、自信的孩子。”

点头。

“安琪现在越来越懂事了。”

点头。

“现在敢在同学面前跳舞。”

点头。

“敢在同学面前唱歌。”

点头。

“是老师的好学生，也是同学们的好老师，你是刘老师。”（安琪总自称为刘老师。）

点头。

……

“好了，爸爸要去上班了，你再和妈妈睡一会儿吧，你可不要出声哦，妈妈还没睡醒呢。”

点头！

“让我再亲一下你的脸蛋儿吧。”

点头！（她平时很不喜欢被人亲的。）

“拜拜！”

“拜拜！”

“我爱你！”

“我爱你！”

“我爱你，老婆！”

“我爱你，爸爸！”

老婆这时从不会回应，女儿总会代替。

安琪爸爸想说

1. 短短的两分钟，让我心情舒畅，暖意融融。我一直尝试着在女儿的心中种下“善的种子”，哪怕只是这短短的两分钟里。这些话我经常会对安琪说，慢慢地她就会认为自己就是这样的人，也会做相适应的事。

2. 陪孩子，要注重质量，而不是数量（时间的长短）。很多人都抱怨没有时间陪孩子，这是对“陪”的一个误解。其实孩子在乎的不是你和她在一起多久，而是在乎你是否真正在用心陪她。一个全职妈妈和一个工作的妈妈相比，孩子并不一定会觉得全职妈妈陪她更多。区别在于是否用心，是否用对方法。

3. 每天多和自己的亲人说几句“我爱你”，一秒钟传递出去的爱，分量可不轻哦。

爸爸，你怎么可以和奶奶说话那么大声音呢

2012 年 1 月 12 日　深夜

在家中，我们的一言一行都会成为孩子学习的榜样，他们在接收的同时会对我们的言行做出评判。至于评判的结果，有时他们会告诉我们，有时他们却不会说出来。孩子会根据环境是否安全做出决定。

今晚吃饭前，我和母亲说话时声音比较大。对此安琪很不满意地质问我：

“爸爸，你怎么可以和奶奶说话这么大声音呢？”

本想装傻敷衍她，结果她没有饶了我的意思，依然质问我：“爸爸，你怎么可以和奶奶说话那么大声音呢？”

没有办法，我只好承认错误：

“爸爸错了，我会改正的。”

她满意地点头：“好的！”

转头和奶奶说：“奶奶，爸爸说不和奶奶大声说话了，我要挨着爸爸坐着吃饭。”

安琪爸爸想说

1. 受教育了，而且施教者是自己还不到三岁的女儿，深刻啊！在孩子面前，家长真的要注意自己的一言一行。不过千万不要因此而多了心理上的负担，而要把它看成是促使我们再次成长的契机。

2. 安琪能够大胆地向爸爸提出挑战，指出不当之处，这一点让我感到很高兴，这说明我们家的氛围还是挺民主的。

☆睡前的对话

2012 年2月16日 上午

晚上睡觉前的半小时，是亲子互动的黄金时段。读书、游戏、讲故事都可以增进亲子间的亲密度。这个时段孩子情绪稳定，父母一定要利用好这段时光多向孩子表达爱意，这对增进亲子间的和谐关系大有好处。

每晚睡觉前安琪都要缠着我给她读书，因为很累，所以我都会说：

“就读两本。”

“读多的。”

“不行，读两本就睡觉，要不就不读了。”

“那好吧，我先自己看一遍，你再读。”

“好的！”

安琪爸爸想说

喜欢读书是一件大好事，但是任何事情都不可以过度地去满足孩子，包括阅读。让他们永远有吃不饱的感觉，才会有不断摄取的欲望。

昨晚读过两本书后，我提议玩个问问题游戏。

“安琪，我们玩个游戏吧。”

“好啊！”

“我问你一个问题，你问我一个问题。”

“好的！”

“你喜欢智慧树幼儿园吗？”

“喜欢！”

“到你问了。”

“我问一个橘子问题，橘子在哪里？”

“在你的肚子里。”

“该我了，你的好朋友叫什么名字？”

“豆豆。”

“还有吗？”

“豆豆和安琪。”

“我问一个苹果的问题，苹果在哪里？”

“苹果在冰箱里。”

“刘老师会弹钢琴吗？你喜欢她吗？”

“刘老师会弹钢琴啊，我喜欢她！”

……

安琪爸爸想说

问孩子问题，几个问题就会把她问烦，但以游戏的方式提问就不同了。同时，这样的互动方式还是多功能的，可以锻炼孩子的语言能力、问问题的能力、习惯和方法，增进亲子间的互动，帮助你了解孩子的内心。

☆藏在被子里偷偷地抠鼻屎

2012年3月8日 晴

晚上，带着安琪去餐厅给老婆过节，下了车，安琪跟在我后面走，一边走一边专注地抠着鼻屎。我回头见到后对她说：

“安琪，你在外面抠鼻屎，被人看到了别人可能会说，你看这个小姑娘在那里抠鼻屎，多难看！你喜欢这样吗？”

“嗯……不喜欢。”

“所以你要是想抠鼻子的话，不要在外面抠，可以在家里偷偷地抠。”

“好的，我回家里偷偷地抠。”

吃着吃着，安琪突然对我说：

“爸爸呀，等我们吃完饭，我回家藏在被子里偷偷地抠鼻屎。”

“可以！那你抠完的鼻屎放在哪里呢？”

“放在我的嘴里，嘴巴是垃圾桶。”

“啊！那这个垃圾也放在你的嘴里吧。”我拿起餐桌上的骨头。

她紧闭嘴巴，不让我放进去。

“鼻屎的味道咸咸的，还挺好吃的是吗？”

“是的。”

“如果你喜欢吃，你可以吃鼻屎。不过我要告诉你啊，鼻屎里面有很多细菌，吃了会生病的，你前几天感冒就很可能是因为吃了鼻屎。”

(认真地看着爸爸。)

“你回去抠的鼻屎还是吃了吧。”

“我才不吃呢，我不喜欢生病。”

回家的路上。

“安琪，一会儿你回家要藏在被子里抠鼻屎吗？”

“是啊，我偷偷地抠。”

“爸爸用镊子帮你夹出来吧。你用手指抠，时间长了，鼻孔会抠大的，会像小猪的鼻子。你喜欢自己的鼻子像猪鼻子吗？”

“嗯……我不要！”

“嗯，当你不舒服时，你可以抠一抠，不过千万不要经常抠哦。”

“好的。”

安琪爸爸想说

1. 和孩子讲道理要用孩子能听懂的话。

2. 道理不要一次讲完，孩子需要一个接受它、内化它的过程。

3. 要利用好孩子的逆反心理，而不是被这种心理利用。

☆奶奶，把我的拉链拉上

2012年3月9日　早上

晚饭前，看到安琪的书包，想看一下里面装着什么。

“安琪，我可以看一下你的书包吗？”

“可以。”

“那你帮我打开吧。”

她帮我把书包的拉链拉开。

里面有一件校服外套和一套换洗的衣裤。

“原来你的书包里装的是衣服啊。”

这时她拿出校服外套打算穿上。

“我冷了，要穿上衣服。”说完，她开始穿她的校服外套。穿上了衣服后，拉链却拉了几次都拉不上。

于是大喊：“奶奶，把我的拉链拉上。”（命令的语气十分强硬。）

我听了，马上暗示奶奶让她有礼貌地说。可能被安琪注意了，她有些不高兴，低着头。

奶奶说：“你要有礼貌地说我就帮你拉。”

她还是低着头，有些委屈的样子。

奶奶又说：“那你去找爸爸帮忙吧。”

她慢慢地走到我面前。

小声地说：“爸爸，请帮忙，帮我拉上拉链。”

我微笑着帮她拉上拉链。

"你看，你有礼貌地请爸爸帮忙，爸爸就愿意帮助你啦。"

她看着我表示认同。

"如果我说：'安琪你去把我的拖鞋拿过来（命令的语气，并且声音很大）！'你答应吗？"

"哼！ 我才不帮呢。"

"如果我说：'安琪，请帮忙，请帮我把拖鞋拿过来，好吗？'"

她转身去拿我的拖鞋。

"爸爸给你！"

她一本正经地跟我说：

"爸爸，你要是大声地说'安琪你去把我的拖鞋拿过来'，我就不帮你拿。"

"你要是说'安琪，请帮忙，请帮我把拖鞋拿过来，好吗'，我就帮你拿。"

"这样有礼貌地说话你喜欢，是吗？"

"嗯。"

"我也喜欢，那下次你怎样跟奶奶说呢？"

她跑到奶奶跟前说："奶奶，下次我会说'奶奶请帮忙，帮我把拉链拉上。'"

"好啊，这样我就愿意帮助你了。"

安琪爸爸想说

1. 生活中的小事件，利用得好、引导得好就是教育孩子、促进孩子转变的好时机。倘若处理不好，那就很可能转变成危机。

2. 孩子的品行是在这些小事中慢慢养成的。长远地想，这些在她长大和人交往中会很有帮助。哈！ 我这是在从小给她上"人际润滑油"。

☆妈妈，你为什么给我拿衣服

2012年3月9日　午夜

今天下班回到家，见到自己买的一套《幼儿画报》到货了，有四大本，包装精美。安琪原本在看《智慧树》，看见我回来了，就拉着我让我给她读书。

"可以，不过要先把电视关掉。"

"好的！"她马上去把电视和机顶盒关掉。

"读吧！"

"先看着爸爸，安琪，爸爸爱你！"

"我也爱你！"

我开始给安琪读书。

"小兔子给妈妈的礼物……"

读到一半的时候，妈妈拿着一件安琪的棉衣推门进来，走到安琪身边把棉衣披在她身上。

"安琪，妈妈为什么要给你拿衣服来呢？"

"我不知道。"

"那你想想呢？"

"我想想也想不到啊。"

"那还是问问妈妈吧。"这时妈妈去洗手间洗东西了。

"嗯……"（可能不知如何开口，也不知道爸爸为什么要她去问这个问题。）

“你可以问：‘妈妈，你为什么给我拿衣服来呢？’你去问吧，问完了再读。”

她走到了洗手间门口。

“妈妈，你为什么？”

“啊？什么为什么？”

“妈妈，你为什么给我拿衣服呢？”

“哦，因为今天很冷啊，我怕你冷啊。”

“哦！”

她跑回来向我汇报。

“爸爸，妈妈给我拿衣服是害怕我冷。”

“哦，原来妈妈是因为关心你，害怕你冷，才给你拿衣服啊。”

“是啊！”

“那下次妈妈冷了你会怎么做呢？”

“我也给她拿一件厚衣服。”

“那奶奶冷了你会怎么做呢？”

“我会给奶奶拿一件厚衣服。”

“那爸爸冷了怎么办呢？”

“那我就给你拿一件厚衣服。”

“哦，谢谢！你也会关心我们呀。”

“是啊！”

“嗯，我知道了，那我们继续读小兔的故事吧。”

“好的！”

晚上，要睡觉了，关了灯，安琪好像还不困。

“爸爸，我现在还不想睡觉。”

“不睡觉可以，我们聊会儿天吧。”

"好的！"

"今天晚上妈妈为什么给你拿了一件衣服啊？"

"因为外面冷，妈妈怕我冷。"

"哦，那妈妈关心你吗？"

"关心啊！"

"那你关心妈妈吗？"

"关心啊！"

"那如果妈妈生病了你会怎么做呢？"

"我不知道。"

"你想想你发烧时妈妈是怎么做的。"

思考了一会儿，她反问我：

"那你会怎么做呢？"

"我会帮她拿药，还要拿水。你发烧时妈妈有没有在你的额头上贴东西？"

"有啊。"

"那个是退热贴，可以帮助治病，对吗？"

"嗯！"

"那你会不会帮妈妈也贴一个呢？"

"会的。"

她接着问：

"那我生病了，你们会怎么做呢？"

"我们会帮你拿药和水，还会安慰你的。"

"嗯！"

"那如果爸爸生病了呢？"

"我们也会安～你的。"

“是安慰。”

“嗯，我们也会安慰你的。”

转身问妈妈：

“妈妈呀，如果爸爸生病了我们一起安慰爸爸好吗？”

“好的。”

“妈妈说好的，我们也会安慰你的。”

“嗯，谢谢！”

安琪爸爸想说

1. 对孩子的爱既要让她感受到，也要用语言告诉她，让她对父母的爱深信不疑，感到自己被爱包围着。这样有助于孩子安全感的建立。

2. 父母对孩子的关爱无时不在，无处不在。正因为如此，孩子会因习惯而觉得理所应当。所以要让孩子知道父母对她的关爱存在于何处——就藏在天冷时妈妈给你的那件外套里，藏在饥饿时可口的饭菜里，藏在生病时的送水递药里……

3. 不要抱怨你的孩子不知感恩，因为你从来没有要求她感恩，她当然不知道感恩，更不知道需要感恩什么。

☆安琪和她的布娃娃

2012年3月10日　午夜

玩具在孩子的世界里是有生命的，它们虽然不会说话，但却是忠实的伙伴，只要孩子不遗弃它们，它们总会相伴。孩子在和玩具的互动中，感受到玩具们"朋友般的相伴"，同时也把爱传递给玩具。

在安琪众多的玩具中，她最喜欢的是一个超逼真的娃娃。每次抱出去都把路人吓一跳，惊叹"这么小的孩子抱宝宝？"发现真实情况后都会说："天哪，原来是假的啊，我还以为是真的呢，太像了！"

每当这时安琪都大声表示抗议："哼！不是假的，是真的。"

安琪和这个宝宝间发生了好多故事。记忆最深刻的有：

"爸爸，这是我的孩子，我是她的妈妈。"

"她是你的儿子还是女儿啊？"

"是我的女儿。"

"那谁是她的爸爸啊？"

"你啊！"

"哦！"

"爸爸，我喂宝宝喝水，她怎么不喝呢？"

"她是用布和塑料做的，身上没有肉，不用喝水。"

"哦！"

"不过啊，她很喜欢你轻轻地抚摩她。"

“哦！ 那我会轻轻地摸她的。”

在电梯里，安琪抱着宝宝。不小心，宝宝掉在地上，她马上捡起来，一边揉宝宝的头，一边用东北话说：“不哭了，不哭了，没事儿的，没事儿的。我给你揉揉，揉揉就不疼了。”

晚上，睡觉前她总是要把宝宝摆在她的枕边。

“妈妈拍你睡觉。”

“小宝宝快快睡觉吧！”

“妈妈亲一下。”

“爸爸给我们拍照片呢，快 yeah 呀。”

“宝宝不会 yeah！”

“妈妈在唱歌！”

安琪爸爸想说

玩具在孩子的心中占据着很重要的位置，他们看待玩具的心态和成人是有很大不同的。他们可以用自己的方式和玩具们平等地对话和相处。在这一点上，成人只有羡慕的份儿。

☆呜呜呜……我要我的苹果

2012年3月11日　凌晨1点

老师给的一个小小的红花奖励会让孩子无比重视，可见老师在小孩子心目中的地位有多重要。作为父母，我们要努力维护老师在孩子心中的神圣地位，这样孩子才能亲其师，信其道。

昨晚我就告诉安琪："安琪，如果明天不下雨，爸爸就带你和子傲哥哥去公园玩。如果下雨的话，我们就去子傲哥哥家里玩。好吗？"

非常兴奋地答道："好！明天去找子傲哥哥玩。"

第二天早上她早早地就醒了，问我：

"爸爸，子傲哥哥起床了吗？"

"现在太早了，他还在睡觉呢，没起床。"

"哦，那我再睡一会儿。"然后就趴下了。

不一会儿，她又坐起来，拿起她的玩具电话给子傲哥哥打了电话。

"喂，子傲哥哥啊，我是安琪，你起床了吗？哦，还没有啊！等你起床了我们一起去公园玩好吗？嗯，好呀！拜拜！"说完又趴下睡了。

这一天，安琪和子傲在孙文公园玩得特别开心，观察杜鹃花，爬山，喂鱼，游戏。他们还认识了一位新朋友——凯瑞。

由于玩得太久，太兴奋，安琪午睡到了下午六点钟才醒来。可是她一醒来就开始哭闹：

"我的苹果找不着了。"

"什么苹果？"

"我的苹果贴纸。"

前一天在幼儿园，老师表扬她时给她的贴纸，她一直贴在右手背上。

"你放在哪了？"

"#￥￥@#￥。"

"贴纸不见了，你伤心是吧？"

"嗯！"

我想着，让她哭一会儿，宣泄一下情绪。况且马上要去外公家吃饭了。于是我就抱着她，让她在我的肩膀上趴一会儿。她也很快就不哭了。一路上也很安静。

可到了外公家，见了妈妈又开始哭起来。

"我的苹果不见了。"

看到孩子哭，不明就里的外公马上关心地问：

"什么不见了。外公给你拿一个苹果。"

我告诉他是幼儿园得到的苹果贴纸不见了。

他马上说："安琪，吃完饭我们去商场好不好？好不好？好不好？好不好！外公给你买苹果贴纸。"

安琪听了不仅没有好，反而哭得更大声了。

我马上暗示外公不要说了，并把伤心的安琪从妈妈的怀里抱过来。

"那个贴纸是幼儿园老师因为安琪做得好奖励给你的，是吗？"

"嗯。"

"这么不容易得到的贴纸，丢了肯定很伤心了，是吗？"

"嗯。"

"难怪你哭得这么伤心了。你好好想一想，你把它放在哪了？"

"我把它贴在饭店的桌子上了。"

原来，中午去喝茶时，洗了手后她把弄湿了的贴纸贴在了餐桌上。

"哦！今天子傲哥哥也把外套落在了饭店。等我们吃完了晚饭一起去饭店问一问有没有人见到他的衣服，顺便我们去找找有没有你的贴纸吧。"

"好的。"

"如果我们找到了贴纸就回家把它贴到你的红花表上，如果找不到的话，就算了，下次你再认真地上课，帮助小朋友，争取再得到苹果贴纸吧。"

"好的。"

"安琪，你看你和子傲哥哥都是因为乱放东西，结果都把东西弄丢了。下次可要记住了，东西不能乱放哦。"

"嗯，知道了。"

"我们去吃饭吧。"

"好的。"

吃过了晚饭，我们去那家茶楼找衣服和贴纸。

在进门前我先给安琪打了一个"预防针"。

"安琪，如果我们找到了苹果贴纸，就把它拿回来；如果没找到的话就算了，也不要哭了，好吗？"

"好的！"

结果没人见到衣服。去那张餐桌找贴纸也没有找到。

在下楼梯时，安琪说："爸爸，没找到苹果贴纸就算了吧，我也不哭了。"

"嗯，等你回幼儿园时，再努力多得几个苹果贴纸吧。"

"好的！"

出了茶楼的门口，安琪又告诉我：

"爸爸呀，子傲哥哥和我都乱放东西，把东西弄丢了。下次我会小心的！”

“嗯，是啊，自己把东西保管好就不会丢了。”

“是呀！”

晚上回家了，看了白天的照片，果然她把贴纸贴在餐桌上了，应该是服务生在清洁桌面时把它清理掉了。

安琪爸爸想说

1. 孩子的生活中无大事，一切的伤痛她都有自愈的本能。

2. 孩子的生活中无小事，件件都会影响她对世界的看法。

3. 每个孩子起初都有着强烈的上进心和求知欲，长大了却差别巨大。原因就在于：有的家长在做“助燃剂”，有的却当了“灭火器”。

☆借给和送给

2012 年 3 月 12 日　0 点

教育和引导孩子成长，要结合孩子的年龄特点并抓住发展的关键期。利用生活中的小事件来协助孩子认识生活，了解生活，适应生活。

今天和女儿去上了一节活动课，下课时安琪看到鞋架上面有一些装了水的小气球，对我说：

"爸爸，我想要气球。"

"好啊，家里有，我给你一个。"

这时，婷婷老师刚好在教室门口。

"安琪要气球啊，我给你一个呀。你想要一个什么颜色的啊？"

"粉红色的。"

"好的，我帮你擦擦上面的水。"

安琪高兴地接过了这个小气球。

当安琪坐在地上换鞋时，问我：

"爸爸，这个气球是我的吗？"

"嗯，婷婷老师送给你就是你的了。"

"好的。"很得意的样子。

在回家的路上安琪举着气球对我说：

"爸爸呀，婷婷老师把这个气球送给我，就是我的了。"

"是啊，如果婷婷老师把气球借给你的话，你玩完了就要还回去。现在她送给你了，就是你的了，不用还。”

“嗯。”

“就像是爸爸把电脑借给你看动画片，你看完后还要把电脑还给我。所以借给你的东西，你要还；送给你的，就不用还。”

“嗯，知道了。”

过了一会儿……

“爸爸呀，我告诉你啊，我的玩具借给你，你玩一会儿要还给我。我的玩具送你，就是你的了，不用还。”

“对啊，借的东西要还，送的就不用还了。”

“嗯。”

安琪爸爸想说

1. 孩子对物品的所有权的认识一直是在发展中的。要帮助孩子认识到哪些东西归自己所有，哪些物品不属于自己。两岁到三岁的孩子对物品的所有权非常敏感，要尊重孩子的所有权，不要强迫孩子把自己的玩具分给小朋友玩或送给别人。

2. 不要放弃生活中类似的时机，告诉她这些词语之间的差别。

3. 和孩子讲这些道理时语言要生活化，不要讲大道理。

☆每天只能吃一颗

2012 年3月12日　雨

孩子喜欢吃零食，很多家长对此感到担心和烦恼。担心孩子吃多了零食会影响正常进餐，对身体发育不利，同时在孩子以哭闹的方式要求父母满足他吃零食的需要时，不知如何应对，感到很烦恼。其实，如果方法得当，零食也可以成为教育资源，促进孩子成长。

安琪两周岁时，刚好过了春节。澳门的亲戚带来了一袋马来西亚产的巧克力豆。里面的豆子有大有小，安琪非常喜欢。但是两岁的小孩子不能吃太多。同时我也想利用这个机会训练一下安琪的"延迟满足"能力，也就是自控力（或意志力）。

当时她还不能说完整的句子，产生了这样的一些对话。

"安琪呀，这个巧克力豆很好吃，是吗？"

"嗯。"

"但是吃多了牙齿会变黑，还会疼。每天你想吃几颗呢？"

伸出两根手指，"两颗。"

"两颗太多了，每天只能吃一颗。你同意的话就给你吃，不同意就不能吃。"

"好。"

"给你一颗，吃吧。"

如我所料，她吃完一颗后开始要第二颗，还是哭着要的。

"我们说好了只吃一颗，说到就要做到。"然后我把巧克力盒子放在书柜里（没有藏起来，而是放在她能看到的地方）。

她哭了一会儿，看我没有再给的意思就不哭了。

“今天的一颗你已经吃了，你要是想吃的话，就要等着明天再吃了。”

“嗯。”带着哭腔。

第二天我下班回来，一进门儿，安琪就跑过来喊爸爸，然后拉我的手往书房走。我还在想，今天怎么这么热情。结果到了书房她就指着柜子里的巧克力。我笑着把巧克力拿出来，然后把安琪抱在了书桌上。问她：

“你要干什么啊？”

“我要巧～力（力字说得很用力）。”

“巧克力。再说一次，说得好，才给你吃。”

“我要吃巧克力。”

“吃几个？”

伸出来两个手指，“两个。”她当时说什么都是两个，数字只认识到2。

“不行！每天只能吃一颗。”

“好。”

“要大的还是小的？”

“大的。”

“给你一个大的，吃吧。”然后我把盒子重新放回书柜。

这次她吃完了一个就没有再哭闹。

接下来她每一天都记得向我要一颗巧克力豆吃。开始她要大的吃，后来大的没了就开始要小的。这一盒巧克力豆吃了将近两个月。从那以后，她也能做到吃东西有节制，每次说好吃多少就吃多少，说好要等明天吃的就能等到明天吃。每次感冒或咳嗽了，说不能吃，她就告诉我们：“爸爸呀，妈妈呀，等我咳嗽好了你再给我吃这个好吗？”

安琪爸爸想说

1. 每次，一想到一个两岁的小孩要忍受着诱惑苦等一整天才能吃到一颗巧克力，尤其是她跑过来拉着我的手往书房走，然后指着那盒巧克力的一系列动作，我心里就十分的感动。

2. 当你的孩子在诱惑面前能够保持清醒的头脑，hold住，她就具备了一个非常重要的品质——自控力（或意志力）。这种品质在她今后的人生中将会发挥很大的助力。

3. 我妈妈总是说孩子这么小不用管，等她长大了就好了。这种传统观念在很多中国人心目中根深蒂固，其结果是耽误了很多孩子。要知道零到六岁是最关键的时期，尤其是零到三岁这个阶段最为重要。很遗憾我在安琪零到三岁这个阶段时，太年轻，玩心重，也不懂太多的家教知识。现在我也是在加紧补课，不想再耽误她的三到六岁。如果你的孩子还小，或者还没出生，请抓紧时间学习。要知道，世界上最划算、回报率最高的是在儿女的教育上投资。

2013年8月24日补记：

在安琪成长的过程中，我们会不时地用一些类似的方式，创设情境，让她在得到满足之前经历一段等待的时间。例如：约定好要吃完晚饭才能吃零食；超市买完东西，建议她回到家里才吃；马上吃，只能吃一个，如果能等到做完事情再吃，可以吃两个，等等。

从安琪三岁开始，零食就都是由她自己保管。吃多少，我们事先有个约定，她很少会有偷吃的行为。

☆帮助孩子积极地认识自己

2012年3月13日　中午

安琪两岁的时候我给她制作了一张优点记录表，并将她当时所具备的优点列了出来。我会经常抱着她，给她读这些优点。直到后来她自己能够背下来，然后煞有其事地自己读。如果她在一天中能够表现出这些优点的话，我们就一起讨论，并在相应的优点项后面的表格里画笑脸，一开始是我帮她画，后来她要求自己来画。

于是经常会出现这样的情境：

"安琪，我们来看看今天你做到了哪些吧。"

"好。"

"今天吃巧克力，说吃一颗就吃一颗，你说到做到。"

"嗯。"

"你今天自己穿的鞋子，自己的事情自己做。"

"嗯。"

"今天你和奶奶读了好多本书，喜欢看书。"

"嗯。"

"你上午摔倒了，自己爬起来，没有哭。"

……

经过生活中的不断强化，这些优点和好习惯就在她身上牢固地建立起来了。与此同时，我会在她的优点记录表里不断增加她的优点项。有些时候，为了培养某方面的习惯，我会故意写出她本来不具备或只是偶尔表现出来的优点，然后她每次出现相应的行为时我会给予肯定。这样做的效果是很明显的，她养成了很多好习惯。

安琪爸爸想说

1. 婴幼儿期（零到三岁）的孩子很多事情都不会做，许多事情都要依赖成年人去完成，因此从骨子里他们都是自卑的。我们要在孩子的每一次进步中给予肯定和鼓励，帮助她建立自信。

更重要的是，这样的做法会让孩子觉得自己很不错，愿意做自己。在成长过程中无论遇到什么困难都会积极地、正面地认识自己。试问一下，我们自己是否具有这种品质？

现在请你尝试着说出自己的优点，你能很快地说出自己的十个优点吗？如果你不能，就努力让你的孩子长大后可以。

2. 对于孩子的教育不要桎梏于眼前，而要放眼未来。很多家长在教育孩子时喜欢解决一些现时的问题：在孩子哭闹时把他哄好，孩子饿了把他喂饱，孩子冷时给他穿衣，别人的孩子学钢琴时，自己也去买一台……他们从不思考，孩子一哭就去安抚和满足是否会把孩子惯坏，让孩子将哭闹作为威逼父母就范的利器；他们从不思考，孩子饿了、冷了，给他一个面包她自己也会啃，给她衣服她也可以学着穿，否则只能让孩子学会饭来张口，衣来伸手；他们从不思考，兴趣是孩子的，每个孩子的兴趣取向是不同的，没有天赋的孩子很难成为钢琴家。一再地强加只能让孩子对钢琴恨之入骨，继而迁怒于父母。

3. “皮格玛丽翁”效应告诉我们期待的力量有多大。你想培养孩子成为什么人，就努力地想象她已经成为那样的人，想得越具体越好，越真实越好。如果能做到现在你眼里的孩子已经成为那样的人了，那是最佳效果。然后就顺其自然吧，你的孩子会在你期待的目光中成为那样的人。这的确很神奇，但能做到的人很少，很多人抛不开教育过程中的功利和比较。

☆三代同堂，教育好难

2012年3月13日 下午

80后逐渐开始做了爸爸妈妈，由于要忙于工作，教育孩子的任务很大一部分就落到了爷爷奶奶、外公外婆身上。一家人三代同堂，在处理好各种关系的同时还要兼顾着孩子的教育。最让人头疼的是，老人的传统教育观念和年轻人的育儿理念常有很大的差别，冲突因此就会时常发生。

当我们发觉老年人的做法不当时不知如何指出。如果说得多了，老人会觉得不舒服，不接受，他们常认为自己有养孩子的经验，在教育孩子方面比我们懂的要多得多；如果不说，心里又不忍看着孩子身上的坏习惯越积越多。这种两难状态困扰着很多年轻的父母。

我的女儿——安琪，也是由奶奶带大的。隔代教育过程中的各种问题我也曾经历，也被困扰过，好在这些都被我一一化解，为此我费了很多的心思和努力。要感谢老婆的善解人意，更要感谢妈妈的通情达理。

我的妈妈是东北一个普通的农村妇女，初中文化，性格开朗，善于与人交往。在一个不重视教育的村子里，她把我和妹妹都培养成了大学生。这是让我十分佩服她的地方，也是她和我理论过程中最强有力的资本。

从安琪出生开始，妈妈就从东北来了广东，并一直和我们同住，帮我们带孩子。安琪零到两岁这段时间一直按照她的方式养育，这期间在孩子的教育上我们的分歧不大，而且妈妈把安琪带得非常好。

在安琪两岁后，教育孩子上出现的分歧、冲突慢慢多了起来。

冲突一：该不该给孩子喂饭。

相信很多老人都会有追着孩子喂饭的经历。孩子不吃还要尝试着各种方法哄着他们吃，甚至许诺吃一口，可以做什么，再吃一口，又可以干什么。我妈妈就是这样。

对她的这种做法我极不认同，非常抵触。为此我曾不理性地和她争辩过，每次两人不仅说服不了对方，而且把关系搞得很紧张。有一次我十分强硬地宣布我来负责孩子的吃饭问题。我把安琪抱到她的餐椅上，告诉她要自己吃饭，如果不认真吃饭，到晚餐之前，除了喝水，不能吃任何东西。安琪自己不会把我的要求当回事儿，吃了几口就不吃了。到了下午，妈妈就开始担心孩子，怕她饿坏了，偷偷地给安琪喂了奶粉。结果是，晚餐小家伙还是不认真吃。就这样断断续续地两天过去了，安琪没有怎么样，倒是奶奶心疼坏了，经常吧嗒吧嗒地掉眼泪，直骂我。我看不行了，还是放弃计划吧。最后还要装傻把老妈哄好。

这个办法不行，我开始总结经验，想对策。我想的不只是孩子的吃饭问题，还有如何引导老妈转变观念。既然我的观点她不认同，那我就搬出专家来上课。于是我上网收集了关于孩子吃饭的科学做法并用大号字体打印出来和她一起阅读，又找到了研究隔代教育的专家讲座视频和妈妈一起观看学习。

专家就是专家，即使人家的观点和我的差不多，但是妈妈还是更愿意相信专家的话。观看后，她说了这样的话："我承认，我们的方法的确过时了，但是孩子吃不饱时，还是要喂一喂的。哪个孩子不喂？你们不都是我喂大的吗？"

一听这话，我马上见好就收："嗯！偶尔喂喂还是要的，不过我们要鼓励她自己吃饭。"

接着我又趁热打铁，给安琪立下三条吃饭的规矩：1. 吃饭时，坐在自己的椅子上；2. 吃饱饭，才能吃零食；3. 吃饭时，不可以打扰别人。我将三条规矩写好后贴在她的座位旁，每次吃饭前我都会给她读一遍，直到后来她吃饭前自己会指着字背一遍。

在家人的共同努力下，安琪不断进步，现在已经完全可以自己吃饭了。

冲突二：孩子无理取闹，该不该顺从她？

养过孩子的父母都知道，小孩子在学习走路时，非常喜欢走。她能从中体会着成功感。可一旦她学会了走路，并能走得很好之后就开始不愿意自己走，要让人抱着。安琪那时也是这样。

每次下班回家都能听到妈妈抱怨："这孩子太累人，出去走，老让人抱着，这一天下来，累死个人。"

每次我都会说："这是你自己的原因，她一哭你就抱她，慢慢地她知道了你怕她哭的弱点，你就被她利用了——反正你不抱我，我就哭给你看。我们带她出去时她都是自己走的。"（反思一下：其实这样的说话方式是不恰当的。正确的方式应该是先要表示对妈妈辛苦的理解，然后和她一起讨论着找原因，这样她可能就更容易接受了。）

妈妈会反驳我："你说得就不对，告诉你，每个孩子都要找个人欺负。她就是要欺负我。"

对于这样的回答，我真的不知道如何应对。

晚上，我和老婆会带安琪出去散步，在出门之前，我们就会和她说好，出去散步要自己走路，不能抱，要人抱就不能出去散步。她这时都会同意。可是到外面走一段时间，就开始耍赖，要人抱。我们不抱她就会哭，每当这时，她哭她的，我们照走，时而回头叫一声让她跟上，她的哭声会随着我们之间距离的拉大变得更大（相信这时路边的很多人都说我们是狠心的父母），到了她可承受的极限距离后她就会跑着跟过来。这样试了几次之后，她知道和爸爸妈妈散步时，哭，这招是不灵的，以后和我们散步也就不哭了。她不哭，我们反而会在她累的时候抱一抱她。

不仅是散步，生活中只要她以哭的方式来要挟爸爸妈妈时，都会得到“你想哭可以哭一会儿，不过你想要干什么，可以慢慢地跟我说”的提醒。所以，她很少和爸爸妈妈耍赖。

在我们的成功经验的带动下，奶奶也尝试过几次。结果都以失败告终。奶奶忍受不住孙女那凄惨的哭声——奶奶和孙女，这种隔辈的祖孙关系让奶奶对安琪格外地心疼。我小时候经常挨她的打，但是对孙女她就不忍心了。

所以，对于这一类冲突，我多是顺其自然，更多地教育安琪要体谅奶奶，感受奶奶的辛苦。今天奶奶接安琪放学时，安琪对奶奶说了一段话让奶奶很感动：“奶奶呀！你手指头坏了（切菜时切到手指）。你怎么做菜啊。奶奶你好辛苦啊，又要接我放学，还要做饭，你好辛苦啊！”

奶奶向我说起这件事时，也让我心生暖意，为她的懂事感到欣慰。

奶奶对这个问题开始有意识之后，也做了很多改变，安琪也在不断进步中。现在安琪上学、放学都是自己走路，除了下雨天，很少让人抱了。不过她偶尔还是会用哭来要挟奶奶满足她的要求。对于这点我也不再去强求了，毕竟我也不想培养一个十全十美的女儿。何况，孩子想要强求奶奶就范也是需要动用智慧的，这么一想，我也就不再那么紧张和焦虑了。

安琪爸爸想说

1. 喂孩子，这样做的出发点当然是好的，也是出于对孩子的爱护。但是我们要知道并不是所有的好心、所有的爱都能带来好的结果。任何一种动物都是知道饥餐渴饮，难道作为最高级的动物——人类能不知道吗？当孩子没有能力的时候，我们可以喂养，但是当她自己具备了摄取食物的能力时，我们的代劳其实就是一种以爱为名的剥夺。剥夺了孩子成长的机会，剥夺了孩子选择的机会，剥夺了孩子建立自信的机会。这种做法害处多多，绝对不可取。

2. 祖辈养育孩子有很多优势，他们有时间，有经验，对孩子疼爱有加。所以我们可以很放心地交给他们“养”，但是“教”的责任要由父母来承担。

3. 时代变了，教育的理念和方法也不同了，祖辈的很多教养方式已经过时或者不科学。所以当有冲突时，最好以孩子父母的教育为主。当然，作为父母我们也应该多学习科学的家庭教育知识。

4. 当矛盾出现、冲突发生时，要控制好情绪，不要和老人顶撞，毕竟他们也是出于对孩子的爱。既然都是为了教育好孩子，有着共同的目标，事情就都好办。凡事商量着来。

5. 不管你们（夫妻二人或和祖辈之间）的教育理念有多么的不同，都不要在孩子的面前表现出来。教育孩子时，教育者态度的一致非常重要。哪怕感觉一方的做法不对，也不要当着孩子的面指出，可以在事后一起进行讨论。

☆安琪的第一份工作

2012年3月14日　阴

家务活，孩子是否应该承担？应该承担多少？也许很多人从来没有考虑过这个问题，或者开始考虑的时候已经太迟了。你考虑过吗？

在安琪两岁的时候，我突然意识到，她已经有一定的能力了，可以承担一些家务事了。想到孩子在两岁时对事物秩序很敏感，所以我打算给她一份工作——摆鞋子。

“安琪，你看爸爸妈妈每天都要出去工作，你想不想也要一份工作呀？”

“想！”

“那爸爸给你一份摆鞋子的工作好不好？”

“好的！”（很开心的样子。）

“那爸爸先教一下你怎样摆鞋子吧。”

“你看，两只一样的鞋子并在一起，再这样用手捏住，挨着墙放好，像这样摆整齐就行了。你试一次。”

于是，她也学着我的样子摆了，而且摆得非常认真。

“快去叫奶奶过来看看，安琪会摆鞋子了。”

于是她跑去把奶奶拉了过来。

“看看，奶奶，安琪（这时她还不会说，也不理解‘我’，只说安琪）会摆鞋子了。”

“是啊，摆得真整齐啊！奶奶的大宝宝会干活了。”

安琪满脸都是非常自豪的笑容。

“安琪，以后摆鞋子就是你的工作了，好吗？”

“好的！”

“以后鞋子一乱你就要把它们摆整齐哦！”

“好的！”

从那之后，我只是偶尔地提醒过她几次要完成工作。后来就不用提醒了。

她很重视自己的这份工作，总是很自觉地把乱的鞋子都摆整齐。而且，她每次自己脱了鞋子也会整齐地摆放在鞋架上。当然，每当她出色地完成这份工作后，我们都会给予肯定，这样她干得就更起劲了。

等她又大一点儿之后又有了第二份工作——摆凳子。现在她三岁了，开始每天晚上要帮奶奶拖地。

安琪爸爸想说

1. 孩子是家庭成员中的一分子。父母要让孩子意识到她对这个家是有义务、有责任要尽的。恰当地分一部分家务活给孩子，让她知道可以如何尽责。这样做也能让她在尽义务的同时坦然地去享受她该享受到的权利。

2. 两三岁的孩子都非常喜欢做一些事情来显示自己的能力，想要证明自己不再弱小。我们不要在她尝试做事的时候打击她，而要给她机会，让她在做事过程中体验成功感，从而建立自信。

3. 分配家务活要从孩子的能力、安全性、容易看到效果等方面来选择。可以对孩子做适当的培训指导工作。对孩子的完成情况做合适的评价也十分重要，夸奖的语言越具体越真实越好。例如：“宝贝啊，你看，这双鞋子贴得多紧呀，你是怎么做到的啊？”“你把这些鞋子摆得真整齐，妈妈看了感觉真舒服啊！”

4. 有些家长为了鼓励孩子帮忙做家务而付钱给孩子。把各种家务定好价格，每周按照工作量发工资。这种做法我认为是不可取的。第一，这会让孩子认为家务原本和自己无关，只因为有钱拿我才做，不给钱，我就可以不用做。第二，在这样的情景下工作，孩子不会体会到成功感和对家的付出，只能体会到，做家务真烦，是个负担。第三，有的孩子可能会通过弄虚作假来赚取报酬。

把孩子的荣誉感 ☆放进“保鲜盒”里

2012年3月14日　午夜

幼儿园的小孩子十分在乎老师给予的各种表扬和奖励，孩子的荣誉感也因此而慢慢形成。作为父母，我们要努力保护孩子的这份情感，为他的荣誉感保鲜。

从安琪适应了幼儿园生活之后就处在不断的进步之中，也从老师那里开始得到红花，每次得到红花安琪都很兴奋。开始几天得到的几朵红花拿回来很快就不见了，我觉得很可惜。为了给安琪的荣誉感保鲜，我给她制作了几张红花表贴在门上。

安琪在幼儿园得到的红花可以贴在红花表上。除此之外，爸爸也有盖章的特权，隔一段时间我会给她布置一项任务，完成了任务就可以盖个“好孩子”章。

于是经常都会有这样的情景发生：

“安琪，哪个是今天在幼儿园得到的红花啊？”

“这个。”

“老师为什么奖励你这个红花啊？”

“老师说我认真吃饭。”（很多时候都忘了。）

然后，我拿出好孩子印章。

“今天去幼儿园是自己走路，还是奶奶抱着去的啊？”

“自己走路去的。”（一开始是奶奶抱着去，后来是自己走了一半路程。）

"路上哭了吗？"

"没哭。"（之前哭得很厉害。）

"好的，可以盖一个印章。"

"我自己盖。"

"不行！要不，我把着它你按下去吧。"

"好的。"

于是父女合作，一起盖章。

"安琪，你今天在幼儿园帮助同学了吗？"

"我今天帮助了许婉宁了。"

"帮助她做什么了？"

"她摔了，我把她扶起来了。"

"好的，还可以给你盖一个印章。"

"嗯！"很开心的样子。

昨天，第一张表格填满了，我又给她贴出了第二张。

这些红花表就是我给她的荣耀感制作的"保鲜盒"。

安琪爸爸想说

1. 每一个人都喜欢得到别人的认同和称赞。然而，我们很多人从小得到的肯定真的是很少，很少，以至于我们很多时候不够自信。现在，我们成人了，你是否发现，我们对别人的称赞也十分的吝啬。很多人在夸奖孩子的时候词汇非常的贫乏，经常使用的称赞词语就只有"你真棒！""你真乖！"可悲的是，这两种称赞词用来称赞孩子都是不恰当的，应该尽量少使用。

2. 当孩子进步的时候，应该让孩子感受到爸爸妈妈为她感到骄傲，这样她才会去努力取得更大的进步。受传统观念的影响，很多家长觉得夸孩子多了，孩子会骄傲的。于是当孩子取得好成绩时，虽然心里面已经乐开了花儿，但嘴巴还是会说：“别骄傲，下次还要继续努力。”“得一次100分就把你美成了这样，有本事你次次给我拿个100分。”你可知道孩子听了这话，心里面是啥感受吗？

3. 我不会问：“安琪，今天在幼儿园有没有小朋友欺负你呀？”而是问：“安琪，今天你在幼儿园有没有帮助同学？”之所以问这个问题，我这个做爸爸的用心良苦。我在努力培养孩子有一种“强者”思维模式。如果父母总是问孩子在幼儿园是否受人欺负，孩子就会将自己摆在弱者的位置上，总是想着有人可能会欺负自己。由于她总是关心这个问题，所以哪怕别人不小心碰撞了她，她也可能认为受到了欺负。慢慢地，这个孩子就开始感觉到无助和自卑。相反，如果你总是鼓励孩子去帮助别人，情况就不同。一个人要想能够帮助别人，前提是她自己要能够做得好，这样才有余力去帮助别人。施助者和受助者在力量和心理的对比上，显然施助者更有力量，是生活中的强者。所以我们要鼓励孩子去帮助他人。

2012年5月17日补记：

这种给孩子贴红花的做法我持续了近两个月的时间，后来我自己通过学习和思考，感觉这种做法也有很多不妥之处，不适合长期使用。因为这种奖励其实也是对孩子的一种控制。他们会不断地以“好行为”来争取奖励，时间长了会让他们失去自我，也容易养成讨好他人的习性。现在我多会用欣赏来代替这些奖励和表扬。

☆阅读，成了她的一大乐趣

2012年3月16日　上午

安琪第一本书是一本撕不烂的布书，上面印着鸭子和鱼、羊和草等，用手一捏还能发出声音。她那时还不会讲话，当我们指着上面的画面，告诉她这些事物的名称时，她显得很感兴趣。

之后我上网给她买了一些画面生动、漂亮的绘本图书。其中有一套是《小兔丝丝》，主人公丝丝是一个和幸运相伴的小兔子。每次给一岁多的安琪读时，她总会被这本书漂亮的画面吸引，嘴里嘟囔着"西西"。还有一套20本的《乔比的生活故事》，安琪也非常喜欢，每天都缠着奶奶给她读乔比，每一本都读了好多遍，她百听不厌。

等到安琪两岁的时候她已经有了很多绘本书，每天在家里都会坐在床上，让奶奶把所有的书念一遍。以至于随便拿出一本，她都能说出书名。有时她还装模作样地打开书，自己读书。

现在安琪每个月最期待的是《婴儿画报》和《嘟嘟熊画报》的到来。这两本杂志做得真是太好了，内容涵盖了孩子日常行为习惯的培养，生活中问题的积极应对，如何与小伙伴相处等很多方面。每次收到这两本杂志，安琪都迫不及待地让我们打开邮包。她会先看这个月送了什么礼物给她，然后再拿起贴纸，让我们开始读故事，读了每一页，她会根据主人公的表现，用不同图案的贴纸给予评价。这个过程很重要，孩子能够在参与中体验乐趣，明辨是非，也更容易将故事中蕴含的道理内化。以后她在遇到相似的情境时，也会知道如何去应对问题，解决问题。

为了激发安琪对书的更大兴趣，我在她两岁半时开始带她去图书馆。

“安琪，有个地方有很多很多的书，比你的书多多了。你想去吗？”

“想！”

“那爸爸明天带你去一个叫图书馆的地方，那里有好多好看的书呢。”

“好！”很期待的样子。

第二天，我们到了图书馆。我先带她走了一圈。

“你看，这里有书，这里还有，那里也有，多不多？”（小声地说。）

“多。”

“你喜欢吗？”

“喜欢！”

“你看，那些人坐在那里看书，多认真啊。我们可不能打扰他们读书啊。说话要小声点。”

“嗯，爸爸呀，我们小声说话啊。”（小声地说。）

然后我们去了一间专供婴幼儿读书的房间。

“安琪，你看，这里有这么多漂亮的图画书。”

“啊！”（非常兴奋。）

“我们快去找找好看的书吧。”

于是我们开始读书了……

整个房间，只有一个爸爸在给女儿读书，其他的都是妈妈或奶奶。

现在每天晚上睡觉前，安琪都会舒舒服服地坐在我的怀里和我一起读书，她负责翻页，我负责朗读。每次读到七个小矮人那一页时：

“爸爸，等一下最后一个我来说。”

“好，万事通、开心果、爱生气、瞌睡虫、喷嚏精、害羞鬼。”

“糊涂蛋。”（她大声地说。）

“你为什么要读糊涂蛋啊？”

“我喜欢他。”

我很享受这段时光，相信小家伙也一样。

现在，阅读，成了她的一大乐趣。

每次我们全家人一起出去散步，路过一家培训中心时，她总要拉着我们进去读一会儿那里的书。

安琪爸爸想说

1. 我从没有想过让孩子长大做什么事、成为什么人。这是她自己的事，我无权也无法决定，所以从不为此庸人自扰。因此，在指导孩子读书这件事上，我也尝试着，努力地做到了不带有功利心。

2. 如果你被要求必须读某一本书，还要交上一篇读后感，你是什么感受？所以千万不要愚蠢到把读书当成任务交给孩子，这样做除了会让孩子厌恶读书之外没有任何帮助。

3. 孩子的成长过程，是一个不断独立的过程，直到有一天她能够离开父母独自生活。她和父母的关系也是一个不断疏离的过程。在她幼小的时候，你不多陪陪她、抱抱她，等她长大了，她也不会来陪你，更不会来抱你，因为她不习惯那样，如果她那样做了，就会感到很别扭。而和孩子一起读书是一种与孩子进行心灵互动的绝佳方式，更能够提升你陪伴孩子的品质，何乐而不为呢？所以，不要等了，去买书吧。

后记：原本想把题目定为“阅读，从零岁开始”。我是想强调孩子在零到一岁时做些适当的干预工作的重要性。我们常说"孩子的智慧长在手尖上"，所以当孩子在襁褓中时，可以多去刺激一下她的手指（身上其他部位的皮肤也同样适用），多去触摸她的手指，或者让她摸一摸不同质感的物品，这些触摸体验会刺激孩子的神经末梢的生长发育，对孩子的智力的提升很有帮助。所以，零岁的"阅读"是以触觉为主来认识事物。

培养孩子具备良好的读书习惯，还有很长的路要走，我会和孩子快乐同行。

☆蝴蝶结上有妈妈的爱

2012 年3月18日　晚

父母都是爱孩子的，那么我们对孩子的爱在哪里？一个突发奇想的小游戏让我和孩子一起把躲藏起来的爱一个个找出来。没想到，在这个游戏中我也被感动了。

安琪今天穿了一件裙子，她很喜欢，刚才她问我：

“爸爸，你看我的裙子漂亮吗？”

“嗯，漂亮，你看裙摆是粉红色的（安琪最喜欢粉红色），后面还系了个蝴蝶结呢。哦，这个蝴蝶结上还有妈妈的爱呢。你摸摸看，上面有没有妈妈的爱。”

她果真去摸了摸。

“嗯，有妈妈的爱！”

“那上面有没有爸爸的爱呢？”

“没有。”

“我也帮你系了呀。”

“嗯，那也有爸爸的爱。”

“那你的袜子有谁的爱？”

“有爸爸的爱。”

“为什么啊？”

“因为你帮我把它穿上的。”

"有没有妈妈的爱呢。"

"没有。"

"妈妈帮你洗过袜子啊。"

"嗯，有妈妈的爱。"

"那盆洗澡水里有谁的爱？"

"有妈妈的爱。"

"那我们的身上哪里有你的爱呢？"

"嗯……"（思考状。）

"我的拖鞋上有你的爱，你帮我摆过拖鞋呀。"

"嗯，你的拖鞋上有我的爱；我还摆过妈妈的拖鞋，妈妈的拖鞋上也有我的爱；我摆过我的拖鞋，我的拖鞋上也有我的爱。"

……

安琪爸爸想说

1. 真的没想到这个找爱的游戏安琪能够这么顺利地理解。小孩子的能力不可低估，小孩子的情感那么细腻。

2. 在和安琪说这段话之前我好像也从来没有细细地去体会过，我们身边到底哪里有爱，爱在哪里。原来，它处处都在；原来，它在处处。

3. 能够体会到爱，是感恩的前提。

☆我的秘密，不给别人看

2012年3月18日　午夜

我们不可能一直陪伴在孩子的左右，不能时刻保护他（她）。那么教会孩子一些自我保护的本领就十分必要，其中就包括对自己身体的保护。

安琪妈妈的胸口有颗痣，前些天做了祛除手术，安琪总是很关心，经常会看一看伤口是否愈合了。昨天晚上去外公家吃饭，下车后妈妈抱她走了一段路。她拉开妈妈的衣领说：

“妈妈，我看看你那里好了没有。”

“好了。”妈妈有些不好意思，但不知如何拒绝。

“安琪，在外面不能看妈妈的秘密。在家里面才可以看。”

“嗯，好的。妈妈呀，等我回家再看你的秘密。”

“好！”

在外公家吃饭的时候，安琪突然冒出了一句：

“妈妈呀，等一会儿吃完饭回家了，我们再看你的秘密。”

“好的！”

“在外面我不看妈妈的秘密，回家了才看。”

外婆不明就里地说：“哇，安琪有秘密了。上次还不知道秘密是什么意思，这次就有秘密了。”

在回家的路上，我问了安琪：

“安琪，你的秘密能不能给别人看呢？”

"不能。"

"那哪里是你的秘密呢?

"这里是我的秘密。"她指了指自己的胸部和下体。

"嗯，你的秘密要自己保护好啊，不能够随便给别人看到哦。"

"好的。"

"除了爸爸妈妈、奶奶和姑姑之外，任何人都不可以碰它们哦。"

"嗯，好的。"

"那如果别人乱摸你的秘密，你会怎么做呢?"

"嗯，我不知道。"

"你要大声地对他说：'你不可以摸我的秘密，不然我会告诉我爸爸！'你说一遍试试。"

"你不可以摸我的秘密，不然我会告诉我爸爸！"她大声地说了一遍。

"嗯，你说得很好！"

安琪爸爸想说

1. 孩子迟早都要离开自己，与其一味地担心，不如教会孩子保护自己的方法。

2. 关于性，中国人总是讳莫如深，十分避讳。这种态度反映出对"性"的无知。其实"性"的含义是极其广泛的，用科学的态度去认识它、谈论它，也就没那么神秘了。不要把对孩子进行性教育的工作留给学校，因为很少有学校会开设科学的性教育课。

3. 不要以为只有女孩才会遭遇性侵犯，在这个问题上，男孩可是很容易被忽略的，所以也要教给男孩保护自己的方法。

☆这个家庭有点"疯"

2012年3月20日 中午

一家人因为孩子而凝聚在一起，一起互动，一起玩耍。当开心过后，你可能会想到底是我们在陪孩子，还是孩子在陪我们？有时，我们真的要感谢孩子给我们机会，让一家人走得更近。

昨晚，吃过了晚饭，安琪建议我们一家人出去散步。她把每个人的鞋子递过来：

"妈妈，这是你的鞋子。"

"爸爸，这是你的鞋子。"

"这个是谁的鞋子呢？奶奶，是你的吗？"

"不是我的，是姑姑的。"

"姑姑，给你穿鞋子。"（姑姑在房间里。）

"奶奶，这是你的鞋子。"

到了楼下。

"你们都停下，开始拉火车走路。"（她自称刘老师，要我们像幼儿园小朋友一样拉火车走路。）

"爸爸你这只手拉着妈妈的这里，这只手拉这里。"

"奶奶……"（小区里的路人用奇怪的眼神看着这个奇怪的家庭在做奇怪的事。）

走出了小区，我请求：

"刘老师，我们出来了，可以不拉火车了吗？"

"不行。"

"那我们一起去那边看人家跳舞吧。"

"那好吧。"

一路上，先是奶奶和安琪赛跑，然后轮到我把安琪举起来，抛起来，转了一圈又一圈。安琪被爸爸逗得哈哈笑。妈妈在一旁担心地说："看着啊！小心点！"当我把转晕的安琪放在地上时，她会晃晃悠悠地扑在奶奶的怀里，又转而扑在妈妈的怀里、姑姑的怀里、爸爸的怀里。

就这样一路跑，一路疯，到了一片空地。

"爸爸你变吧！"

"好，我变成小青蛙。"（学青蛙跳一下，"呱"的一声。）

"我也是小青蛙，呱！"

"我变成了小兔子。"

"那我摸摸你。"（她又像摸她的小兔子一样摸我。）

"我变成老虎。"

"别动！乒……"（原来她变成了猎人，做开枪的手势。）

"我变成狗屎。"

"啊！臭死我了……"

我追着臭她，她到处跑着躲我，一直跑到累。

当我们坐下来休息的时候，"刘老师"又要上课了：

"奶奶。"

"到！"

"妈妈。"

"到！"

"姑姑。"

“到！”

“爸爸。”

“到！”

“你们，谁要撒尿，请举手！”

“我们不想撒尿！”

“奶奶，我要撒尿！”（刚好有一个阿姨经过，听到了笑个不停。）

撒完了尿后，又玩了老鹰抓小鸡……

我们的周围有很多的人，他们一定觉得这个家庭有点“疯”。

安琪爸爸想说

1. 对于三岁的孩子，最佳的学习方式是游戏。你能否放下身段，为了孩子做一次“孩子”？

2. 不要把教育孩子都当成是妈妈的事儿，父亲的角色和作用是妈妈无法替代的，父亲给予孩子粗犷的爱和妈妈给予孩子细腻的爱是截然不同的。所以父亲不要在孩子的成长过程中“靠边站”。

3. 要知道，家庭里没有温暖，父母不陪伴孩子，是好多孩子染上网瘾的最大原因。孩子在现实中找不到爱，没有归属感和认同感，她只能去虚拟的世界里寻找。所以要多陪陪孩子，等你老了她也会常回来陪你。

☆今天我乐呵呵地去上幼儿园

2012年3月22日　早上，晴

对孩子多一些信任和期待，再多一些欣赏和鼓励，进步自然就会慢慢发生。用积极的语言和思维方式去引导孩子，慢慢地孩子也会关注积极的事物，整个人也会变得积极向上。

昨天下午回到家，一进门奶奶就跟安琪说：

"快去和爸爸说一说今天早上是怎么去幼儿园的。"

"爸爸，我今天早上，不用奶奶抱，也没有哭，也没说`我不去幼儿园'了。我开开心心地去幼儿园。"

"是吗？你自己走路，没有哭，乐呵呵地去上幼儿园，是吗？"

"嗯，我乐呵呵地去上幼儿园。"

"那要给你盖个印章。"

"盖两个。"

"为什么要盖两个？"

"因为，我自己走路，没有哭，也没说`我不去上幼儿园'，乐呵呵地去上幼儿园。"

"安琪，每个小朋友去幼儿园都应该自己走路，不哭啊。爸爸给你盖这个印章是因为你今天是乐呵呵地去幼儿园。"

"嗯，那好吧。"

晚上出去吃饭的路上。我问安琪：

“安琪……”

“刘老师，我是刘老师。”

“哦，刘老师，你今天早上是乐呵呵地去幼儿园的，是吧？”

“是啊，我是乐呵呵地去幼儿园。”

“那么，我教你唱首歌，明天早上你一边唱歌一边去幼儿园吧。”

“好的。”

“太阳当空照，花儿对我笑，小鸟说早、早、早，你为什么背上小书包……”

“太阳……”

“明天早上你就唱着这首歌去幼儿园吧。”

“好的。”

安琪爸爸想说

1. 安琪上幼儿园一个半月以来，在早上去幼儿园这段路上，进步一点点地发生。分别经历了以下这些阶段：奶奶强抱着，撕心裂肺地喊“我不去幼儿园，我不去幼儿园”——奶奶抱着，小声地哭——抱着，不哭——抱一半走一半，不哭——自己走着去幼儿园，偶尔还会说“我不去幼儿园”——自己走路，乐呵呵地去幼儿园。

2. 大多数孩子上幼儿园都会因分离焦虑而表现出抗拒。这时父母千万不要乱了阵脚，要理性地去应对，送孩子去幼儿园的态度要坚决（安琪刚刚开始表现出抗拒时，爷爷奶奶甚至当着孩子的面说可以不去幼儿园了，在家里带着她——这种想法千万不要传递给孩子），不要骗孩子。多和孩子聊聊幼儿园的开心事，多夸夸幼儿园和老师。这些都可以让孩子快点儿适应幼儿园的新生活。

3. 在和孩子沟通时，要传递积极的、正向的情绪给孩子。例如，可以问："宝贝，看到你开心的样子，是不是在幼儿园里发生了什么好玩的事儿？快告诉我吧。"而不要问："今天幼儿园里有没有小朋友哭啊？老师有没有批评他啊？"

今天奶奶讲了一件好玩的事。

安琪中午午睡结束，一定要阿姨喊："刘老师，起床了！"她才肯起床，而不能喊："安琪，起床了！"

平时我们把她介绍给别人，说她是安琪时，她也会及时纠正我们："我不是刘老师吗？"看来她当定了"刘老师"。

☆杧果，吃？不吃

2012年3月22日　下午

孩子需要什么，只有他自己最知道，他会做出最适合自己的选择。作为成人，我们可以协助他做出选择，但不能代替他做选择。

昨晚（周三）是我们的家庭日，晚上打算去吃寿司。妈妈换衣服的时候，我和安琪在客厅。安琪喝苹果猪骨汤，我吃杧果。安琪看到我在吃杧果，马上说：

“爸爸，我也要吃杧果。”

“可以，不过你要先喝完汤，才能吃一个杧果。”

“好的，我喝完了汤再吃杧果。”

“可以。”

“爸爸，把杧果给我拿着，我不吃，等喝完汤才吃，行吗？”

“好吧，给你。”

吃完了杧果，我去阳台看报纸，过了一会儿安琪也拿着她的杧果出来。

“爸爸，我喝完汤了，要吃杧果。”（把杧果给我，让我剥皮。）

“你想现在就吃这个杧果，是吗？”

“嗯。”

“你可以现在吃这个杧果，不过如果你现在吃了它，你的肚子就装满了，等一下我们出去吃东西时，你就吃不下去了。那你是现在吃，还是吃完了饭回来吃呢？”

“现在吃。”

“那好吧，我帮你剥皮。”

“爸爸，等一下出去吃的东西好吃吗？”

“好吃啊，我们去吃寿司。”

“寿司？”

“是啊，就是用海苔包着饭的那种。”（安琪很喜欢吃海苔。）

“那我还是等吃完饭回来再吃杧果吧。吃完了杧果，我的肚子就装不进去东西了。”

“好吧，就等着吃完饭，回来再吃吧。你把杧果收好吧。”

吃过晚饭后，我们刚进家门，安琪就想起了她的杧果。

“爸爸，我要吃我的杧果。”

“可以，不过你最好洗完澡再吃。”

“我想现在就吃。”

“那好吧，我们去吃吧。”

当我们来到厨房，看到灶台上有杧果，还有一盒妈妈给她准备的酸奶。

“安琪，你看！酸奶，妈妈给你准备的酸奶。”

“哦！妈妈给我准备的酸奶。”

“我们马上就要睡觉了，你只能选一样，你是吃杧果，还是喝酸奶呢？”

“我要。”她先指了酸奶，又指了杧果，表示都想要。

“不行，只能选一个，睡觉前不能吃太多东西。”

“那酸奶是草莓味儿的吗？”

“是啊，就是上次你自己选的草莓味儿的。”

“那我喝酸奶。”

“好吧，给你，去喝吧。”

就这样，那个杧果最终还是落选了。不知道它该庆幸，还是失望。

安琪爸爸想说

1. 不要总是为孩子做决定，否则迎来的经常是孩子的逆反和抗拒。试着和孩子一起分析每种选择可能产生的结果，把选择权交给孩子，她会选择最适合自己的那个。

2. 父母的权威不是以大欺小，而是以理服人。

3. 如果孩子在成长过程中自己做决定的机会太少，她就会成为一个没有主见的、优柔寡断的人，遇事时总是要看别人怎么做，一味地去追随别人。

☆安琪的自我教育

2012年3月25日　晴

不要小瞧孩子们的智慧，他们很多时候都在用心地观察生活，在思考的过程中进行自我教育。自我教育也是孩子学习成长的重要方式，为了让孩子成长得更快更好，我们要帮助孩子增强其自我教育的能力。

因为上午十点钟要带安琪上一节课，所以我没有外出计划。吃过了早餐，安琪提议：

“爸爸，我们一会儿就在小区里玩吧。”

“好啊！”

“我要穿那双漂亮的鞋子。”（一双很漂亮的新鞋子，但是有点大。）

“今天外面很暖和，可以穿。”

“好的。”

“你要骑你的滑板车吗？”

“不要了，我的鞋子太大了，会摔倒的。”（自我教育第一处。）

到了楼下，我们玩了一会儿，安琪又提议：

“爸爸，我们去滑滑梯吧。”

“你知道怎么走吗？”

“知道。”

“好的，那我跟着你走吧。”

到了滑梯处，安琪开始玩滑梯。玩了一阵子，从楼上下来了两个小双胞胎兄弟，也加入进来。玩了一会儿，两个兄弟从滑梯上扔下来一张白纸。

安琪看到了，向我跑过来。

“爸爸，他们把纸扔到了地上，这样做是不对的，垃圾应该扔进垃圾桶里。”

“嗯，他们这样做不对。”

“我可以帮他们把纸扔进垃圾桶吗？”（自我教育第二处。）

“可以。”

安琪慢慢地走过去，捡起了白纸，又转身走向垃圾桶。在这个过程中，两个兄弟一直用不知所措的眼神看着她的奇怪举动。突然，两兄弟朝着楼上大喊：“妈妈！妈妈！他们两个人打我们，不让我们玩滑梯。”正当我莫名其妙地看着他们两兄弟时，安琪对我说：

“爸爸，我们走吧，不在这玩了，他们不对的。”（自我教育第三处：离开是非之地。）

“好吧。”（我回头告诉探出头来的女人，我们没有打她的孩子。）

走出来是一片小池塘，清清浅浅的，红的鱼、白的鱼在水里面懒洋洋地游动着。岸边一群群初生的小蝌蚪摆动着小尾巴努力地推动着大大的肚子，没有方向地乱钻。安琪却被满地的石子吸引住了，我们开始捡石子，一个接一个地往水里扔，旁边一群孩子觉得好玩，也纷纷加入。伴随他们而来的还有一阵阵吵人的教导声、呵斥声：“小心点儿，别打到人！”“哎，别扔那么高！”“危险，别扔石头！”“看你扔的，水溅了一身。”

玩了一阵子，我们要离开去上课。在路上，安琪看到了一个爷爷抱着姐姐，等他们走远了。安琪说：

“爸爸，那个姐姐不对的。”

“哪里不对？”

“她长大了，不该让大人抱着了。小宝宝才让大人抱呢。”（自我教育第四处。）

“她那么大了，还让爷爷抱着她，这样不好，是吗？”

“是的。”

安琪爸爸想说

1. 只要你留心，你会发现孩子很多时候都能够进行自我教育。

2. 请在孩子的心里种下善的种子，它会在孩子的自我教育过程中生根、发芽，进而结出善的果实。

☆三岁孩子也可以自己赚钱买零食

2012年3月25日　晚

当孩子通过自己的劳动赚到钱时，他们心里一定会很兴奋吧？当他们再用自己赚到的钱去买自己喜欢的东西时，是不是会感到更大的满足呢？

在外公家吃晚饭时，我问安琪：

“安琪呀，你想吃雪糕吗？想吃棒棒糖吗？”（安琪的两个最爱，却很少能吃到。）

“想吃！”

“可是你有钱买吗？”

“有。”（用手掏口袋，假装把钱给我。）

“那你想不想赚钱？”

“想！”

“我教给你一个赚钱的办法，想学吗？”

“想学！”

“以后咱家看完的报纸和其他纸箱，你都把它们收起来。等收集多了就可以卖钱，卖的钱就给你，你可以用来买零食。”

“嗯，好！”

“你也可以把奶奶家的报纸收集起来。卖的钱也给你。”

“嗯，可是我还太小了。”（不太自信能自己赚钱。）

“你虽然很小，但是你已经能做好工作了呀，你摆鞋子的工作就做得很好啊。你还会摆凳子、拖地呢。所以，你可以做好这个工作的。”

点头表示赞同。

“回家爸爸教你怎样收集报纸。很快你就能学会的。”

“好的！”

安琪爸爸想说

1. 钱是个好东西，让孩子从小就认识它，喜欢它，赚取它，利用它，没啥坏处。

2. 按照工作的性质，决定是否付钱。家务是分内事，孩子做得再多都不要付钱给他们；收集废品是创收，收入自然归付出劳动者所有。我觉得，等我的孩子再大点，带她去摆摆地摊也是个不错的想法。

3. 小家伙通过自己的劳动，赚到的将不仅仅是钱，可能还会有沉甸甸的自信和荣耀。相信用这些钱买的雪糕也会更甜吧。

☆谈谈孩子的“分享”

2012年3月28日 雨

关于分享这个话题，我思考了很久，现有了几个案例。

案例一：一个苹果，四颗葡萄（孩子三岁四个月）

“棋棋，告诉你一个好消息，周五你们幼儿园组织小朋友去岐江公园春游呢！”

“太棒了！妈妈。”

“我们到时候带上很多食物好吗？”

“不要妈妈，不要多，要少！”

“为什么？”

“就是要少，要很少，只要一点点！”

“多带点食物去，和小朋友一起分享呀！”

“不要不要，要超级少！”

“你可以拿苹果跟东东换紫菜，拿葡萄跟朗朗换鱿鱼丝，这样你才可以品尝到更多好吃的东西呢！”

“妈妈，我只拿一个苹果，四颗葡萄就好！”

妈妈无言以对……

妈妈的困惑：棋棋是一个很阳光很开朗的小男孩，平常外出吃饭，每次都主动要带点食物回来给爷爷奶奶吃，有好吃的也肯拿出去与小区里的其他小朋友分享，究竟是什么原因导致儿子春游前的反常呢？

妈妈翻阅去年幼儿园秋游的照片，回忆上次的点滴，上次妈妈准备了四大盒食物，是全班之最。后来老师打电话告诉妈妈，有些小朋友没有带食物，老师让棋棋分了自己带的食物给其他小朋友。

是不是上次的"被分享"造成这次的"小气"呢？

妈妈该怎么办呢？真的就一个苹果、四颗葡萄吗？

安琪爸爸想说

去年秋游时棋棋才两岁多，这个年龄是物品所属权的敏感期，很多孩子都不愿意将自己的食物和玩具分给别人的。如果总是遭到成人的强迫性"分享"，很容易使孩子无法顺利度过这个时期，甚至心理上会留下阴影。

妈妈故意准备很多食物，目的就是想让孩子和同学分享的。但是事先没有和孩子沟通，征得孩子的同意。结果孩子真的是"被分享"了。

既然事情已经发生，就不要过多担心和自责，想办法做些补救性工作吧。办法有很多，不过首先成人自己要搞清楚为什么要让孩子去分享，不然做什么都是盲目的。

案例二：阻止孩子接受别人的分享（一个孩子三岁，一个三岁半）

一次，我约了两个同事带着孩子们去孙文公园玩。我们爬到山上，让孩子坐在台阶上，我给他们讲故事，孩子们听得很认真。这时旁边有一个妈妈带着儿子在吹泡泡，儿子拿一个吹管，妈妈拿一个胶圈。孩子们看到了，被吸引住了，吵着要去玩，那个妈妈很大方地把胶圈交给孩子们。孩子们很开心地接过来，开始吹着玩。可是，才玩了一会儿，我的一个同事就开始对她的儿子说：

“好了，好了，快还给弟弟吧。”

孩子不愿意。

“咱们家里也有，我们回家玩，把这个还给弟弟吧。”

孩子还是不愿意。

这时，另一个妈妈也开始劝自己的孩子不要玩人家的东西了。

最终没办法，妈妈们开始把孩子拉开，去其他地方玩。

在此过程中，那个主动分享的妈妈一直说：

“没关系的，让他们玩吧。”

安琪爸爸想说

在平常的交流中，我们总是告诉孩子要和别人分享，可当别人与孩子分享时，我们却又让孩子拒绝别人的好意，这不是很矛盾吗？分享不能总是单向的，分享应该是双向的。

案例三：你这孩子怎么这么小气（两个孩子都是两岁）

一天，亮亮和奶奶在外面玩。这时，乐乐和外婆走了过来，乐乐手里还拿着一袋小饼干，边走边吃。亮亮见到了吵着：

“奶奶，我想吃饼干。”

乐乐外婆听了，马上对乐乐说：

“乐乐，把你的饼干分些给亮亮吃。”

乐乐不愿意，不想给。

“不给，是我的。”

乐乐外婆觉得很没面子，生气地抢过饼干，一边给亮亮拿饼干，一边说："你这孩子怎么这么小气！"

乐乐开始哭闹，亮亮看着正在哭的乐乐也不知道要不要吃饼干了。

安琪爸爸想说

这袋饼干对两岁的乐乐来说，是他的最爱啊。外婆强行把乐乐的"最爱"分给了亮亮，他能不哭吗？

案例四：妈妈，请你吃（安琪三岁一个月时）

晚上，我洗水果时，故意只洗了三个车厘子，故意把苹果切成三份。

"安琪，爸爸洗了水果，现在请你来分吧。"

"好的。"

"要说'请'字哦。"

"爸爸，妈妈是大人吃大的，我是小人（小孩子）吃小的。"

于是她拿起大块的苹果给妈妈：

"妈妈，请你吃苹果。"

"谢谢！"

"爸爸，请你吃苹果。"

"谢谢！"

吃完了苹果，她又分了车厘子。

如果在奶奶家，我们有时也会按人头来洗水果，她也会给每个人分。

安琪爸爸想说

这样的做法能让孩子知道，好吃的东西每个人都喜欢吃，不能只给她一个人吃。她在分水果的时候，我们会开心地、微笑着说声“谢谢”，让她感受到，她这样做爸爸妈妈很高兴，很感激她。从她的表情可知，她心里也是很高兴的。

案例五：下次我有好吃的也会跟爸爸分享的

一天，三岁一个月的安琪在吃饼干（只有两块）。我问道：

“安琪，你的饼干好像很好吃，可以给我吃一点儿吗？”

“不给。”

“可是我也想吃啊。”

“不行，这是我的。”

“你不跟我分享，下次我有好吃的也不和你分享了。”

她马上掰了一小半儿给我：“爸爸给你，我和你分享，下次你有好吃的也要和我分享哦。”

“好的，下次我有好吃的也会和你分享的。”

晚饭，我在吃虾的时候，故意强调也要和安琪分享：

“安琪，这个虾很好吃呢，分一点给你吃吧。”

“谢谢爸爸！”（吃得很开心。）

“不客气！安琪，你看，好吃的东西，谁都喜欢吃，爸爸吃一点，也分一点给你吃。”

“嗯，下次我有好吃的也会跟爸爸分享的。”

“好的。”

听到安琪对我说“嗯，下次我有好吃的也会跟爸爸分享的”，心里感觉暖暖的，真的觉得这个女儿好贴心，更为自己长久以来的努力没有白费而感到庆幸。

关于“分享”（有关婴幼儿的分享只局限在物质层面）的思考。

1. “护食”是人的天性，与人分享则是人的社会性。教孩子学会分享也是让孩子不断社会化的过程。既然是个过程，就不要心急，要慢慢来。

2. 分享的前提是自己有余。试想，当我们自己的食物有限，自己都不够吃时，我们也是不愿意与人分享啊。即使碍于情面与人分享，也可能是违心的。

3. 分享是要出于自愿的，被迫的分享根本谈不上是分享，甚至说掠夺的成分更大。

4. 我们为什么要分享？我目前的理解是为了获取快乐。每个人的人性都有这种特质：你给他快乐，他就会回馈你快乐。当我们在和别人分享食物时，我们分享出去的其实不仅仅是食物，还有我们对对方的一份心意。对方在接受了食物和心意后会感到快乐，看到了对方快乐，我们也会觉得很快乐。同时，我们也期待着对方也一样能够同我们分享。

所以，当孩子和我们分享时，一定要接受，哪怕只是吃一小口。最重要的，我们要报以微笑和谢意，把这份快乐传递给孩子。

5. 家是帮助孩子练习分享的最佳场所，这里有孩子最亲近的人，有最宽松的环境。亲子间多做几次分享练习，让孩子从中体会到分享的好处和快乐，等到她出去与别人相处时，她也就会知道如何去做了。

6. 要尊重孩子的发展规律，不要急着教会孩子太多、太大的道理。分享是一个很大的话题，很多成人都处理不好，干吗要那么为难孩子呢？谨记——不要紧张，要慢慢来！

☆孩子，请你不要用哭来要挟我

2012年4月1日　下午

朋友说，她的孩子快到两岁了，每天出门总是吵着要大人抱着，不想自己走，如果大人不抱她就站在原地大声地哭。孩子的妈妈每次还能坚持住，说不抱就不抱，但是老人就不行了，没等孩子哭几声，心就被哭碎了，马上把孩子抱起来。

当孩子尚在襁褓之中，不会用言语表达时，哭是他们表达需要的最主要方式。当他们饿了、渴了、尿了、拉了、冷了、热了……他们都会用不同的音调、音色和响度哭出来。这时看护者如果能够辨识出孩子哭的原因，并及时地提供帮助，孩子就会停止哭闹。这也能增进孩子对养护人的信任，对增强孩子的安全感有帮助。（西方的育儿理念认为，在养育婴儿时，当孩子哭时不鼓励成人抱他们，而是要等到孩子停止哭泣时才抱。虽然这样做有一定的道理，但对于很多中国家长来说，这几乎是做不到的。）

不过，如果孩子已经一岁多，会走路，能够通过一些肢体动作或言语表达时，我们对待孩子的哭闹就要理智地应对了。

棒棒糖曾经是安琪的最爱。很多次散步路过"士多店"，安琪都会吵着要进去买棒棒糖：

"爸爸，进去。"

"你自己进去吧，我在外面等着你。"

"妈妈，进去。"

"你进去吧，妈妈和爸爸在外面看着你。"

她会自己进去走一圈，一边走一边看外面的我们。过一会儿出来，表达她的真实意愿：

"爸爸，我想吃棒棒糖。"

"爸爸没带钱，不能买啊。"

"妈妈，给我买棒棒糖。"

"妈妈也没带钱。"

"啊！我要买棒棒糖！"一边哭，一边喊。

这时我会安慰她：

"安琪，你很想吃棒棒糖，是吗？"

"嗯！"

"可是爸爸妈妈没带钱，要不，我抱你去摸一摸吧。"

"好的。"

于是我抱起她去摸摸柜台旁的棒棒糖。每次，她都会很满足，不再要了。

反思：当孩子的需要是无礼的或是因某些原因不能够满足的时候，家长拒绝的态度要明确而坚决。不过拒绝也要讲方法，如果态度过于强硬，甚至训斥孩子，会让孩子觉得自己做了错事而不知所措。倘若强硬地把孩子拉开，也只会让孩子哭声更大。我常用的方法是：给孩子留面子，适当满足，委婉地拒绝。例如：让孩子摸一摸棒棒糖，闻一闻蛋糕，看一看巧克力等。这种方法安琪很愿意接受。

安琪爸爸想说

1. 对于孩子的需要，给予适当的满足是应当的。然而，那种毫无原则、有求必应的做法就只会把事情弄糟。时间久了，孩子会变得无所顾忌，必须按她自己的愿望或想法行事，也就是我们常说的任性。

2. 当孩子因得不到满足而哭闹，我们又显得毫无办法，无奈地被动给予时，我们的这种给予就会成为对孩子哭闹的"奖励"。换句话说，我们是在鼓励她的无礼的哭闹行为。长此以往，孩子的哭闹行为还会泛化，当她的需要没有得到满足时，她都会以哭闹为手段，要挟我们就范。

3. 要想避免孩子类似行为的出现，要做到以下几步：(1) 观察苗头。细心观察孩子最近在表达哪种需要时会采用哭闹的方式。(2) 打预防针。在这种需要情景出现之前就和孩子讲清楚，如果遇到这样的情况我们会如何做。(3) 说到做到。当孩子再次表现出类似无礼要求时，要坚决按照之前的约定执行。要知道，这个过程有助于孩子建立对你的信任，孩子从你的坚持中知道你是一个说到做到的人，以后会更加信任你。

4. 我们和孩子彼此之间应该是一种平等、尊重、信任的关系。父母要想同孩子建立这种健康的亲子关系，需要理智地去爱。现在孩子还小，对于她的任性，我们作为父母可以容忍和迁就。但是，孩子长大了呢？离开了家的孩子如何与人相处？谁又会一直迁就她呢？

好想对祖父母们说：你们对孩子的爱是那么的真挚、那么的热诚，但对于孩子来说，有些爱，他们真的无法承受。孩子长的不只是身体，还有心智。前者的生长比较明显，后者的变化很难察觉，一旦察觉到异样，其实就已经晚了，能做的就只有亡羊补牢了。

☆道理，小声说

2012年4月5日　早上

有些时候，孩子犯了错，我们和孩子讲些道理是很有必要的。不过，要想让孩子能够认真地听，并认同我们所讲的道理，那我们一定要照顾好他们的情绪。因为孩子只有在情绪平稳的时候才会做理智的思考。所以，道理，要小声地和孩子说。

中午，我和安琪在奶奶家吃饭，大人都吃完了，只剩下安琪。在奶奶收拾饭桌之时，安琪抱着饭碗坐在了沙发上。我在沙发的另一侧看报纸。不一会儿，安琪向我报告："爸爸，我把饭弄到肚子上了。"我一看，她掀起了衣服，满肚皮都沾满了米饭，沙发上面也到处都是。我以为她是不小心弄的，所以没有批评她，叫她和我一起把米粒收拾干净。

晚饭，安琪又是最后一个。她一个人坐在饭桌旁喝粥，喝着喝着就开始用勺子在碗里乱搅，以至于把粥弄得满桌子都是。我这时意识到她是因为不想吃了，而故意把饭弄出来，因为她知道，饭脏了就不用吃了。

联想起中午的事情，我十分地生气。我马上跑过去把安琪抱起来，刚想发怒，却看到碗里还剩了两口粥。于是我对安琪说："你先把这两口粥吃完，一会儿爸爸和你聊一聊。"安琪看到我生气的样子知道我要批评她，马上一边喝粥一边对我说："好的！爸爸你看，我喝粥了。"在她喝粥时，我试着平静下来，想等一下如何跟她讲。

她喝完了粥，主动跑过来：

"爸爸，我喝完了。"

我把她抱到了床上。

"安琪，把你的手给我，看着我的眼睛。今天中午你把米饭弄得到处都是，刚刚又用勺子把粥弄得满桌子。有没有？"

"有！"点头。

"这样做对不对？"

摇头。

"以后还这样做吗？"

摇头。

"如果你以后吃饱了，不想吃了，你可以告诉爸爸或妈妈。说你吃饱了不想吃了，不要再这样浪费粮食了。"

"知道了！爸爸我可以走了吗？"

"走吧。"

这个过程我一直用很低的声音和她讲话。她听得很认真。

过了一会儿，我走到客厅。安琪叫住我：

"爸爸，把你的手给我。"

我把双手放到了她的手上，看着她。

"爸爸呀！你呀！吃饭的时候到处乱走，这样是不对的，等我们吃完饭了，奶奶会把饭拿走的。你就没有饭吃了。"

"嗯，是啊，那我就饿肚子了。"

"所以呀，你以后要认真吃饭，不要乱走哦。"

"嗯，爸爸错了，我会改正的。"

"嗯，好的！走吧，我们出去玩吧。"

前几天吃晚饭时有一盘象棋没下完，我吃几口饭就跑过去走一步。安琪看到了对我说："爸爸，吃饭时不能乱走哦，不然等我们吃完了，奶奶把饭收走了，你就会没有饭吃了，会饿肚子的。”我听了马上承认了错误，把游戏退出来，认真吃饭了。这件事她一直记着，今天将了我一军。

安琪爸爸想说

1. 很显然，我小声地讲出的道理她很认同，还用同样的方式指出了我的错误。我很庆幸自己没有对安琪发怒，不然她对我说那段话时也可能会学我发怒。

2. 记忆中我曾经有过一次对她大声地批评，她好像被吓坏了，似懂非懂地看着我，不知所措。过后她还过来讨饶，确定我不再生气了才安定下来。所以，当我们向孩子发脾气时，孩子是会感到内疚的。不过，如果我们经常性地对孩子发脾气，孩子就会习惯，变得我们说什么她都无所谓。另外，我们成人有时也会犯错，她如果不能对我们直面批评，就会产生逆反和恨意。

3. 孩子犯错了，最重要的是让孩子意识到错误，并诚心改正。如果我们发了脾气，孩子关注的焦点将是我们激动的情绪，而不是错误的本身。这对于改正错误而言无益。所以，我们要小声地和孩子对话，在平静的情绪下讨论是与非、对与错，孩子更愿意接受。更重要的是，孩子会从我们这里学会如何控制、管理自己的情绪。

☆安琪，你怎么可以随便翻我的书包

2012年4月7日　下午

生活中处处都有辅助我们教育孩子的好资源，只要我们留心观察，适当利用和引导，就可以协助孩子成长。同时，在生活中学到的东西，也容易让孩子快速掌握和运用。

几天前，晚饭吃到一半，安琪离开了座位。我一回头，看见安琪正在试着打开我的书包。我生气地问：

"安琪，你怎么可以随便翻我的书包？"

安琪不好意思地朝我笑。

"你想看我的包里有什么，是吗？"

"嗯。"

"那你要和我说啊。我同意了你才可以看啊。"

"爸爸呀！我可以看看你的包里有什么吗？"

"可以，看吧！"

她重新过去打开包，往里面看了看，然后跑过来问：

"爸爸，你今天给我带回酸奶了吗？"（前几天我曾在书包里放了瓶酸奶，被她看到，喝了。她翻书包原来是想看看里面是否还有酸奶。）

"今天，没有酸奶。"

"哦！"

"安琪呀，你看着我。我在打开你的书包前都会问你：'安琪，我可不可以看看你的书包里有什么？'你同意了，我才会看。你不同意，我就不看。所以，你要是想看别人的包也要先问问才行，人家允许了，才能看。不问就看是不礼貌的。"

"好的，知道了。"

"那如果你想看妈妈的包，你会怎么说？"

她转过去看妈妈："妈妈呀！我可以看看你的包里有什么吗？"

"可以啊！"

"妈妈，你允许，我就可以看；不允许，我就不看。"

"嗯，好的！"

"妈妈，你要是想看我的书包里有什么也要先问问我哦。我允许了，你就可以看；我不允许，你不可以看哦。"

"好的！"

她又跑去奶奶那里：

"奶奶啊，我告诉你呀！你要是想看我的书包里有什么也要先问问我哦。我允许了，你就可以看；我不允许，你不可以看哦。我要是想看你的包里有什么，我也会问你：'奶奶呀，我可以看看你的包里有什么吗？'你允许，我就看；不允许，我就不看。"

"好的，我的大宝宝真棒！"

接着，她又跑去爷爷那里：

"爷爷啊，我告诉你呀！你要是想看我的书包里有什么也要先问问我哦。我允许了，你就可以看；我不允许，你不可以看哦。我要是想看你的包里有什么，我也会问你：'爷爷呀，我可以看看你的包里有什么吗？'你允许，我就看；不允许，我就不看。"

“嗯，可以，可以！”

说完了这么一大堆话之后，她终于回到了饭桌旁，继续吃饭。

安琪爸爸想说

1. 不要认为孩子是我们的私有财产，而可以彼此毫无隐私。否则，我们将以失去彼此的尊重为代价。何况，孩子并不归我们所有，她是一个独立于我们之外的个体。

2. 孩子的不端行为，初期往往比较隐蔽，父母不用心观察根本无法察觉。然而这个时期是介入教育干预的最佳时期。要知道，“预防”比“戒除”要容易而有效得多。

3. 这几天，每次安琪想看我和妈妈的书包前都会先礼貌地请示：“爸爸（妈妈），我可以看看你的包里有什么吗？”每当这时，感动都会由心而生。这不就是尊重吗？

妈妈，等我把报纸卖了，☆赚了钱再给你买个盖子

2012年4月8日　凌晨1点

孩子打碎了东西，如果我们对她批评、指责和羞辱，她将变得自卑、紧张和无助；如果我们能够给予她接纳、谅解和指导，她将收获关爱、安全和责任。

我在书房看书，客厅传来瓷器碎裂声，接着安琪喊我：

“爸爸，我把妈妈的杯子盖儿摔碎了。”

我马上跑出去。

妈妈在扫碎片，安琪站在一旁，满脸的愧疚和不知所措。

“安琪，你把妈妈的漂亮的杯子盖儿打碎了，是吗？”

“嗯。”

“这个杯子是妈妈非常喜欢的，你把盖子打破了，妈妈会很心疼的。你有没有向妈妈道歉啊？”

“妈妈，对不起，我下次会小心的，不会打破你的杯子盖儿了。”

妈妈还在生气，没有回答。

“爸爸，妈妈怎么没说‘没关系’呢？”

“妈妈，你要说没关系啊！”

“我很生气！”（妈妈能够表达自己的情绪，这是很好的示范。）

“安琪，当我们不小心伤害了别人，人家可以原谅我们，也可以不原

谅。妈妈很生气，现在还不想原谅你。你把妈妈的杯盖儿打破了，要赔给她一个哦。等你把你的报纸卖了，赚了钱，再给妈妈买一个杯子盖儿吧。”

“好的！”

“妈妈，等我把报纸卖了，赚了钱再给你买个盖子。”

听到这话，妈妈忍不住笑了：“好啊！”

“妈妈，你不生气了吧？”

“嗯，不生气了。”

“爸爸，我说赚了钱给妈妈买一个盖子，妈妈就不生气了。”

“嗯！安琪啊，以后你可不要再玩儿爸爸妈妈的杯子了。”

“嗯！知道了。”

安琪爸爸想说

1. 当孩子犯了错时，需要的不是批评，而是指导。批评只会让孩子茫然，不知所措。下次再犯同样的错误，他们仍然不知如何去面对和处理。合理的指导会让孩子在错误中吸取教训。下次再遇到同样的错误时，他们也知道如何去应对问题，解决问题。

2. 孩子犯错了，心里是很自责和害怕的。我们不批评，孩子也知道错了。这时我们批评了他们，他们反而会感觉到释然和解脱；不批评，他们却会因此而感激和反思。

3. 孩子有了过错也要承担相应的责任，但没必要对三四岁大的孩子讲出“责任”一词，否则会吓到他们。告诉他们应该怎么做就可以了，只要他们觉得合理，他们就会欣然接受的。

☆小兔，生日快乐

2012年4月12日　早上8点

从小引导孩子尊重和感恩身边的各种事物，包括有生命的人类、动物和植物，也包括没有生命的食物、书籍、空气和土壤。只有意识到世间万物都是平等的，我们才能够做到真正的谦卑。

学校菜地里有些菜已经老到开花了，昨天下班去摘了些拿回去喂安琪的小兔子。

走到奶奶家小区门口时，看到安琪在和妈妈玩。

“安琪你好，我回来了！”

她朝我笑。

“我们回去吧。”

“爸爸，你手里拿的花是给谁的啊？”

“你猜呢？”

“是给奶奶的吗？”

“不是。”

“那是给爷爷的吗？”

“不是。”

“那是给我们（指爸爸、妈妈和她自己）的吗？”

“也不是。”

“那是给谁的呢？”

“是给兔子吃的。”

“哦，今天是小兔子的生日吗？”

“嗯，是啊，小兔子今天过生日。”

“那我回去给它唱生日歌：祝你生日快乐。”

“等回到家里再唱给它听吧。”

“好的！”

“爸爸，把花给我抱着行吗？”

“可以。”

“回去我要先摘一朵小花送给奶奶。”

“好啊！”

“再摘一朵送给姑姑。剩下的都给小兔。”

回到家里，她把一袋菜放在地上，摘了两朵小花。

“姑姑，送给你一朵小花。”

“谢谢！”

跑去厨房：“奶奶送给你。”

“哦，谢谢安琪！”

然后她抱着袋子跑去阳台。

“小兔子，今天是你的生日，刘老师给你过生日：祝你生日快乐！祝你生日快乐！祝你生日快乐！祝你生日快乐！”

唱完后开始拿菜喂兔子：“小兔你吃吧。”

吃完晚饭，我和安琪坐在沙发上。

“爸爸，今天小兔过生日，要不要吃蛋糕啊？”

“小兔子喜欢吃青菜，不喜欢吃蛋糕。”

“哦！我喜欢蛋糕。那今天我过生日吗？”

“今天不是你的生日。”

"那等我过生日了，你给我买蛋糕，可以吗？"

"可以呀！"

安琪爸爸想说

1. 人和自然要和平共处，就得尊重自然。这种尊重不能只是口号，而是要在生活中体现。安琪给她的小兔子唱生日快乐歌，就是对兔子的关心和尊重。在她的心里，小兔子就是家庭的一分子。我曾和她说："安琪啊，小兔子拉屎太臭了，我把它拿到学校养，好吗？""可以，但是你喂几天就要把它拿回来哟。"

2. 如果我们的孩子对小动物都懂得尊重，对于同类又怎能不会呢？所以，当孩子要摘花时，告诉他们花会疼；当他们浪费粮食时，告诉他们米粒也会伤心……孩子慢慢地就懂得尊重了。

☆宝贝，危险

2012年4月18日　下午

有朋友说我："因为吃饭这个事惩罚孩子没有必要。但是有些时候，比如小孩动插座，或者做出其他比较危险的行为，适度的惩罚可能是有必要的，可是如何实施惩罚是个难题。赞赞最近总是喜欢用小手抠插座，除了立即制止之外，我还没想到让赞赞自己主动认识到危险的办法呢。本来想着用点惩罚，但是没敢轻易用呢。对于一岁半的小孩，如果惩罚和管制不到位，反而促使孩子更有兴趣去做那件事情。"

这段话中所提到的问题和困惑，相信每一个家长都遇到过。

记两件事。

事一：好玩的电视

安琪一岁半左右的时候，对挂在墙上的液晶电视很感兴趣。她经常会爬上电视柜，站起来摸它，这很危险。开始时，奶奶会制止，但不管用，下次还会爬上去摸。这天我看到安琪又想去摸，于是我抱起她。

"安琪，你喜欢它是吗？这个是电视。来摸摸它吧，再摸摸这里。"

她很高兴地摸起来。

等她摸了一会儿，摸够了。我继续鼓励她摸下去：

"来，再摸摸吧。"（抓起她的手。）

这时，她表现出抗拒。我看到火候到了，于是把她放下。从那以后她再也没有去摸它。

事二：插座有电

插座家家有，孩子都会对它产生好奇，可它是很危险的东西，因此很多家长对它都很紧张。安琪两岁左右时也对它产生了兴趣。经历了几次妈妈的劝阻之后，她懵懵懂懂地知道那里有电。至于什么是电，她肯定不知道，但应该知道它是个很厉害的东西。有一天，我在插电脑电源时，她很感兴趣地趴着看。

"安琪，你在看插座啊？你要摸摸吗？"

"不要，有电。爸爸你摸吧。"

"好！"我用手轻轻碰一下插座孔，马上把手缩回来，做出被电后痛苦的表情。

"这里有电啊，我可不敢摸。还是你摸吧。"

"我才不摸呢，会电到我的。"

有时我带回家某样不适合小孩子玩的东西，我都会先把安琪叫过来，让她当着我的面看一看，摸一摸，闻一闻，等她玩够了再放到台面上。这样做了之后，她就对它不感兴趣了，也就不会乱动了。

安琪爸爸想说

1. 有的家长说："孩子老是去动某样东西，越不让他动他越动，真拿他没办法。"这是因为当某事物被禁止时，最容易引起人们的求知欲。我们对孩子的禁止，恰恰激起了孩子对它的好奇心。

2. 消除一个人对某种事物的好奇心，最好的办法就是让他了解它。一旦了解了，好奇心就自然消失了（就像你知道了足球比赛的结果，再去看球赛就没劲了）。我在安琪摸够电视机之后还让她去继续摸，是在过度满足她，人一旦被强求做某事时就会产生逆反心理。我是在利用安琪的逆反心理，这种心理人人都会有。

3. 有些事物孩子不易理解（像“电”），我们很难跟孩子讲清楚，但是我们可以用感觉和感受来表达。例如，一个迅速抽手的动作和痛苦的表情就能够让安琪感受到，接触到了电会让人感到很痛苦的。

4. 总是用呵斥、责骂和禁止的方式来防止孩子去动某样东西，不仅效果不佳，而且可能会很危险——埋下隐患。因为，我们这样做只能保证孩子在我们的视线范围内是安全的，而他们的好奇心一直存在。我们走神的时刻，都会是危险时刻。

☆给安琪的三封短信

2012年4月20日　晚上

作为父母，当你真的用心陪伴孩子，向孩子表达爱的时候，你会被自己感动。一个人带着女儿玩了两天后，我以孩子的身份给30岁的安琪写了三封短信。

30岁的安琪：

你好！

我是三岁的安琪。我不知道你在哪里，做些什么，我希望你能替我多去陪陪已经56岁的爸爸。因为他现在是那么用心地在陪我。

我要和你讲讲这两天发生的故事。

之一

妈妈去湖南旅游了，周五到周日，要去三天。周五爸爸拖着疲惫的身体下班回到奶奶家，倒在床上就睡着了，直到吃饭了才被奶奶叫醒。吃过了晚饭，爸爸带我回家，外面下着大雨，他背着包，举着雨伞，抱着我。回到家里，他第一句话就问我："安琪，你想玩水吗？"我最喜欢玩水了，爸爸最懂我。"想玩！"于是，爸爸给我打了一盆水。

水真是个有意思的东西，我也不知道我为什么那么喜欢它。看看我是怎么玩的吧。

好了，我要开始玩了。

给我的“宝贝”洗洗澡，洗洗小手。

后来，我还把自己的裤子和内裤也给洗了，我还觉得不过瘾，跟爸爸说：“想进去。”

听到这个要求，爸爸就不同意了：“今天太冷了，进去洗，会感冒的。走吧，我们去洗澡吧。”我也就只好作罢。

洗完了澡，我说要穿小兔子衣服，爸爸也同意了。然后，我们读书、关灯、睡觉。

哎！爸爸电话响了，好像是有人向他咨询问题。

我只好一个人睡了。回想一下，和爸爸在一起玩，真好！

哦，对了！今天，肉麻的老爸和我说了三次“我爱你”。

我也和他说了三次“我爱你”。

之二

2012年4月23日　晚上9点

星期六早上，我和爸爸去奶奶家吃早餐。在奶奶家楼下，我发现了一只大蜗牛，太可爱了，我大声地叫：“蜗牛！爸爸快看，蜗牛！”

爸爸说：“是啊，多好看的蜗牛啊，我们抓回去养着吧。”

“嗯，好的！”

“你抓起来吧！”

“蜗牛咬人吗？”

“蜗牛不咬人的。”

“爸爸，你抓吧。”（我心里还是有点害怕，只敢摸它的壳，不敢抓起它。）

"好的，你看它不咬人的。"

爸爸抓起了它。

到了奶奶家，爸爸到洗手间冲洗蜗牛身上的泥土。我却兴奋地大喊："奶奶，快看，我们抓到了一只蜗牛。爸爸，快点给大伙儿看看，给大伙儿看看。"我纯正的东北话把爷爷、奶奶和爸爸都逗笑了。

这只小蜗牛陪了我整整一个上午，我们去了好多地方。和它相处久了，我也就不再怕它了，慢慢地，我敢摸它了。后来我还敢把它捧在手心里。它在我手里爬行的时候，我感觉痒痒的，很舒服。

和它熟悉了，就敢抓了。看！它真的不咬人诶！

最后，我们把蜗牛放回到草地里。爸爸说，草地才是蜗牛的家。今天我知道了，蜗牛不咬人。蜗牛很可爱，我敢抓它了。

之三

2012年4月23日　晚上10点

放走了蜗牛后，爸爸带我去商场。我都好久没有去大商场了，到了那里，我看到了好多东西都想买。爸爸却跟我说，只能买一样。

刚进门有卖雨靴的，好漂亮。我好想要爸爸给我买一双，可是他几句话就让我打消了这个念头。

等我们走到果冻摊时，那么多好看、好吃的果冻，真想吃啊！

可是我的视线马上就被旁边的水果软糖吸引住了。只能买一样，我最终选择了草莓味的软糖。

当我看到了草莓味酸奶时，我好想喝啊！

爸爸问我："你是选酸奶还是软糖？"

我想了好半天，答："酸奶，糖。"

“不行，只能选一样。”

“软糖！”

“看！好吃的饼诶，爸爸我想要饼。”

“可以啊，你是选水果软糖还是饼？”

“糖！”

这么多好吃的寿司，我真的有点忍不住了。当爸爸又让我选的时候，我的答案是“寿司，糖”。一番权衡之后，我依然选择了软糖。

可喜的是，爸爸说：“我买一些寿司，到时和你分享吧。”

我开心地大喊：“好！”

选好了寿司后，我马上拉着爸爸去埋单。

能选到自己喜欢的糖果，还能吃到爸爸买的寿司，真好！

☆我们家的餐桌文化

2012年4月26日 0点

每天晚餐，是一家人团聚的一段时光，爷爷、奶奶、爸爸、妈妈、姑姑和安琪围坐在奶奶家的餐桌旁。对我来说，这段时光是一天中最温馨的时刻。一家人一边吃饭，一边聊天，尤其是有安琪这个宝贝儿在，总是给我们带来不断的笑料。

记几件发生在餐桌上的事儿。

事一：奶奶包的饺子真好吃

吃饭时我都会有意地给家人暗示："嗯，今天的菜真好吃！"一方面让大家吃多点儿，另一方面也是对奶奶做饭的肯定，让她听了开心点儿，自然也就不觉得累了。一天奶奶包饺子，安琪吃了后也说真好吃。我就问：

"是谁包的饺子这么好吃呢？"

"是奶奶！"

"嗯，奶奶包的饺子这么好吃，那表扬一下奶奶吧。"

"奶奶奶，你你你，包包包，的的的，饺饺饺，子子子，真真真，好好好，吃吃吃！"

奶奶听了很高兴："谢谢我的大宝宝！"

事二：好吃的东西，每个人都喜欢吃，不能光一个人吃

最近，虾的价格特别高，奶奶有时会专门给安琪买一点儿，煮完后，开

始是妈妈给她剥虾皮，慢慢地她学会了剥皮，就拒绝妈妈帮忙。每次吃到一半时我都会对安琪说："安琪，你吃了很多了，好吃的东西大家都喜欢吃，你给每人分一只吧。"每次她都会爽快地答应，然后从椅子上下来给每个人的饭碗旁放一只。她边放边说："奶奶请吃！""爷爷请吃！"……大家先向她表示感谢，然后把虾吃掉。

事三：进步了就盖章

安琪上幼儿园，接送都是奶奶负责，所以奶奶对她在幼儿园的情况最了解。奶奶经常在吃晚饭过程中和我们讲一些安琪的故事，几乎都是说她进步的地方。例如：今天安琪去幼儿园自己走路，不要奶奶抱；现在安琪到了幼儿园会主动和老师问好，离开幼儿园会和老师说再见；安琪今天在幼儿园敢在同学面前唱歌了。每当听到安琪进步的时候，我都会表示对安琪进步的赞赏，然后拿出好孩子印章，在她的红花表上盖一枚奖章。对此，她每次都很兴奋。

当然有时说到不足时，我也会想办法激励她。例如：上个月奶奶说安琪到了幼儿园不出来和同学们玩，而是一个人和阿姨在教室里待着。于是我就鼓励她："安琪，早晨教室里会熏蚊子，有很大气味儿，而且一个人待在里面也会很无聊啊。明天出去和同学们玩吧。如果明天奶奶回来说你到了幼儿园能够出去和同学们玩，爸爸就给你盖一个印章。"结果从那以后，安琪到了幼儿园后就会跑出去和小朋友们玩了。

安琪爸爸想说

1. 吃饭要有一个轻松愉快的环境，这样既可以活跃家庭气氛，沟通家庭成员间的感情，也可以让我们在副交感神经作用下，心跳减慢，皮肤和内脏血管舒张，胃肠蠕动加强，唾液分泌增多。这不容易得胃病。

2. 为了让吃饭时的气氛和谐，聊天的话题要积极、正向，千万不要批评教育孩子。

3. 要让孩子知道，好吃的东西人人都喜欢吃，要分着吃，不能光一个人吃。当孩子分给我们东西时，我们要欣然接受并表示谢意。让孩子感受到我们接受分享时的快乐，他们也会因此而感到快乐。

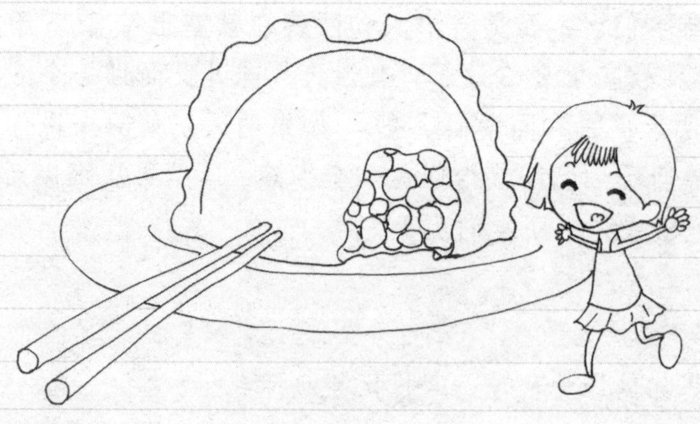

☆属于我们三人的家庭日

2012年4月26日　晚11点

爱孩子，想让孩子更有安全感，那就给孩子创建稳定、和谐、有爱的家吧。约定一个家庭日，一家人去约会，享受一段只属于三个人的温馨时光。这是游戏互动、情感交流、传递爱意的好时机、好场合、好氛围。

我家三口人，在家里很少开伙。工作时间在爷爷奶奶家吃（住在同一个小区），周末晚饭去外公外婆家吃。为了给我们自己留一点私密的交流空间，我们尽量每周都找一天作为我们的家庭日。为了寻求安静和温馨的气氛，经常会选择去西餐厅。

今晚，我们带着安琪来到常来的一家西餐厅，享受了一段属于我们自己的时光。

每次的等餐过程都是快乐的，我们和安琪会开展很多好玩的小游戏。

游戏一：我会吸烟

我们找到位置，坐下后，安琪看到了烟灰缸，问我：

"爸爸，这是什么啊？"

"这是吸烟用的烟灰缸。我们不吸烟，等一会儿姐姐来了，让她拿走吧。到时你可以说：'姐姐，请帮忙，我们不吸烟，请拿走吧。'"

"我会吸烟啊，不要拿走。"于是开始对着嘴巴玩起了烟灰缸。

过了一会儿，服务生过来送菜单，安琪却拿起了烟灰缸，小声地对服务生说：

“姐姐，请帮忙，我们不吸烟，请拿走吧。”

服务生没听到，于是问：“你说什么？”

安琪被问得不好意思，我见到这种情景，马上解围：

“安琪你太小声了，姐姐没听清楚。”

“她是说我们不需要烟灰缸了，谢谢！”

服务生笑着走开了。

过后，我对她敢和姐姐这样表达，大加赞赏。

游戏二：我给你们变魔术

点餐后，安琪开始给我们变魔术，她把刀叉藏到桌布下面，说把它们变没了。即使这样简单的小游戏，她也可以玩得不亦乐乎，要求我和她轮流来变。

“看，我把刀变没了！”

游戏三：餐巾可以干啥用

变完了魔术，我拿起餐巾，问安琪：

“这块布可以做什么用呢？”

“可以铺着用。”

“嗯，可以铺在桌面上，在上面放东西。”（边说边示范。）

“还可以干啥用呢？”

“还可以盖东西。”说着她把勺子和叉子放在桌面上，用布盖上。

“还可以干啥用呢？”

“不知道。”

“还可以围在头上，做鸡妈妈。”

“嘿！ 嘿！ 我要做鸡妈妈。”

……

“可以盖东西。”

“我是鸡妈妈。”

安琪爸爸想说

1. 生活要用心去经营。孩子的成长，需要一个充满温馨、爱意浓浓的家庭。这样才能建立牢固的关系，到任何时候，孩子的心里都会有支撑。

2. 偶尔耍点花招，生活就会变得富有情趣，无聊的等餐过程也可以变得趣味横生。

☆小孩子的礼貌教育

2012年4月30日

最近发现安琪表现出了一些礼貌行为。

事一：两周前的一天，我下班回到奶奶家，刚进门，安琪坐在沙发上喊："爸爸好！"

我马上回答："安琪好！"

以前她很少会这样和我打招呼，只会偶尔和姑姑这样问好。我很兴奋，马上对她说：

"今天爸爸回来，安琪向爸爸问好啦，我要给你盖个印章。"

从那天之后，无论谁回来，一推门进来，安琪都会说句某某好。

事二：昨天是"五一"假期的第一天。上午，我和安琪在书房，我在打字，安琪在窗台上玩。过了一会儿，安琪从窗户往下望，看到了清洁阿姨在楼下扫地，于是朝下面大声叫：

"阿姨！"

阿姨朝上面看，看到了她，朝她笑笑。

安琪有点不好意思地回头看看我。

"阿姨，辛苦了！"我提示她。

于是她又喊："阿姨，辛苦了！"

阿姨又抬头朝她笑笑。

受到鼓励的安琪开始不停地叫"阿姨，好！ 阿姨，辛苦了"，直到最后阿姨低头扫地不再看她。

她问我："阿姨怎么不看我了呢？"

"阿姨要工作啊，你不要叫她了，会打扰她工作的。"

"哦！"

事三：今天中午从奶奶家吃完饭回家的路上，安琪很兴奋。 走出小区门口的时候，安琪看到了保安亭里坐着一个保安叔叔。 于是大声地喊：

"保安叔叔，您好！ 保安叔叔，好！"

保安叔叔很高兴地朝她笑笑。

我对安琪的行为大加赞赏：

"安琪，你刚刚和保安叔叔打招呼了啊！ 保安叔叔很高兴呢。"

"是呀！ 你要给我盖印章吗？"

"嗯，可以盖，我在脑袋里记着，等下次去奶奶家，我给你盖章。"

"好的！"

以往，安琪主动和别人打招呼的频次并不多，这和她的性格有很大关系。 她是一个相对内向、害羞、不愿意在众人面前表现的孩子。 现在她有了一些转变，我想这和家里人对她的引导教育分不开。

记几个场景。

场景一：每次去外公家吃饭时，那里的保安都会帮助我们开门，每次我都会当着安琪的面，大声地表示感谢，安琪则不会说。 等我们走远了，我会对她说：

"安琪，你看刚刚保安叔叔帮我们开门，我对他说：'谢谢！'你却忘了说了。"

“下次我会说的。”

“你会怎么说呢？”

“谢谢保安叔叔！”

“嗯，好的，下次就这么说吧。”

这样的对话出现过很多次。后来，有时安琪想说，又不好意思说；有时只是小声地说，小到叔叔都没听见。但我也会给她鼓励：“安琪和叔叔说谢谢了，下次再大点声就更好了。”

思考：这种做法可以称为“事后教育”。要遵循两条原则：(1) 没做好的时候，指出不当之处，并示范正确的做法；(2) 有进步时，及时地、具体地鼓励孩子，让孩子知道她哪里进步了，并收获自信和成就感。这样做可以强化孩子的好行为。

场景二：约了朋友出去玩，在出发之前，我都会告诉安琪要去哪里，会遇到哪些人，如果她能够主动地和别人打招呼的话，对方会感到很高兴的，也会觉得安琪是一个有礼貌的好孩子。到了活动场地，如果她没有和人家打招呼，我也从不会强迫她。如果她能够和人家打招呼，我会找个单独的机会表扬她。

思考：这种做法是“事前教育”。经过指导，孩子对将要发生的事情有了了解，能够降低他们对将要发生事情的紧张感，同时因为有了礼貌方面的指导，做出礼貌行为的概率也会增加。

场景三：每次送安琪上学时，我都主动地大声地叫：“老师，好！”离开时，我也会大声地说：“老师，再见！”开始时，安琪总不会说，慢慢地，她也就会说了。现在，每天去幼儿园，她都会和老师打招呼，放学了也会和老师道别。

思考：这叫作“当场示范”。礼貌的养成是需要靠榜样的。孩子通过耳濡目染，慢慢地就学会了礼貌，进而变成了有礼貌的人。

然而，生活中，我们经常可以见到这样的场景：一个妈妈抱着两岁左右的孩子，路上碰到了一个熟人，然后对孩子说：“叫阿姨好！”如果孩子叫了，妈妈会觉得孩子有礼貌，而感到很有面子，然后怀着很强的心理优势和对方寒暄几句。

如果孩子不敢、不想或不好意思叫的话，妈妈会提高音量：“宝宝，快叫阿姨好啊！”被逼无奈之下，孩子勉为其难地、小声地叫了一声：“阿姨好。”（这里没有用“！”而用“。”是因为这样的打招呼只是机械地重复了妈妈的话，根本不带有感情，更不是发自内心的。）

倘若，孩子是个犟脾气，随你怎么教，怎么催，就是不叫。这时，妈妈就会感到十分地尴尬，只好说：

“这孩子今天怎么了，怎么不叫人，平时不这样的。”

或者：“你这孩子怎么这么没有礼貌？再不叫阿姨就不喜欢你了。”

或者：“不好意思，我这孩子胆小，不敢叫人，看来我要多教教她。”

……

在我看来，这样的做法是妈妈先给自己挖个坑，然后跳下去，接着再向孩子呼救。十分幸运的话，孩子会马上把她救上来；比较幸运的话，几次呼救之后孩子终于伸出了援助之手；不幸的话，你喊破嗓子，孩子也没拉你一把。

要知道，这种做法是一种不尊重人的表现。然而我们很多家长把孩子当成自己的私有财产，平时想说什么就说什么，想教什么就教什么，从来都不考虑孩子的感受。要知道，这种行为本身就是十分不礼貌的。

试想，有一天你和朋友在路上走，巧遇朋友的老板王总。于是他向你介绍："来来，给你介绍一下，这是我们老板王总，快叫王总好。"你要不要叫"王总好"？叫或不叫都挺难受的吧？你心里会怎么想你的朋友？你认为他尊重你吗？

如果他介绍说："来来，给你介绍一下，这是我们老板王总。"是不是会好些？你可以很自然地点个头，或者问声好。

所以，家长应尽量避免这种自取其辱的做法。

安琪爸爸想说

1. 礼貌是一种人与人之间的社会化行为。因此，孩子不会天生就懂礼貌，要通过模仿和学习而获得。

2. 礼貌是自己对对方的一种恭敬和谦和，应该是发自内心的。因此不能强迫孩子做出貌似礼貌的行为，否则，时间久了，孩子的礼貌容易变得虚假。

3. 家长切忌用一种十分不礼貌的行为教育孩子讲礼貌。

☆周末发生的几件小事

2012年5月6日　晴

孩子的心理单纯极了，他们做出的每一个看似奇怪的行为都可能仅仅出于好奇、探索和求知的目的。成人千万不要以过往的成见来误判孩子这些行为背后的动机，认为他们是在捣乱、搞破坏，否则孩子成长的机会就容易被我们破坏掉。试着对孩子多些理解和信任，你会惊喜地发现孩子的成长在悄悄地发生。

这个周末安琪妈妈要上研究生的课，我又独自带了两天安琪。记录几件小事儿。

事件一：爱上高跟鞋

很多小孩子都会有个阶段喜欢穿大人的鞋子。周五晚上，安琪翻出了一双妈妈的高跟鞋，得意扬扬地穿上，向我们显摆："看，多漂亮！"

周六一大早她就起床跑出去，过了一会儿，穿着那双高跟鞋走进房间，向我大喊：

"爸爸，你看，我穿高跟鞋呢，多漂亮！"

"嗯，是啊，你为什么喜欢穿高跟鞋呢？"

"漂亮了呗。"

"那你为什么不穿妈妈的其他鞋呢？"

"它们不漂亮呗。"

“可是，小孩子穿大人的鞋子会不安全的。”

“没事儿的，我会小心的。”

“那好吧，那你就穿着吧。”

上午，我们要出门骑自行车，安琪要穿高跟鞋出去。我告诉她大人的高跟鞋小孩子只能在家里穿，不能穿出去。她表示认同，穿上自己的凉鞋跟我出去了。可是到了傍晚，我们要去外公家吃饭时，她却很坚持要穿着高跟鞋去外公家。

“小孩子只能在家里穿高跟鞋。”

“不嘛，我就是要穿着去。”

“可是我们要走很远的路，穿高跟鞋会很危险的。”

“我会小心的。”

“那好吧，不过，是你自己选择要穿高跟鞋的，要自己走路，哪怕下楼梯时我也不会抱你的哦。”

“好的。”

于是，我一手拉着她，一手拎着她的凉鞋，准备等她说累了，随时让她换过来。可是，她真的就穿着这双高跟鞋走完了所有的路，还走得挺稳当。下台阶时，她知道危险，走得格外小心。

一路上，我看着她踩在高跟鞋的前端踮着脚走，心里也挺担心的。但一直忍着不说她，也不帮她，让她自己走。最让人觉得难堪的是，路上的行人往往是先看一眼她这个三岁的小丫头穿着这么大的高跟鞋走路，然后再用异样的目光看着我。所以，我都是尽量避免和他们进行目光接触。

到了外公家，我把脱了鞋子的安琪拉到身边，跟她说：

“安琪，你已经穿了一天的高跟鞋了，是吗？”

“是的。”

“穿高跟鞋很漂亮，你很喜欢穿它吧？”

“是的！”

“但是小孩子不能多穿的，不然你的脚会变形的。”

“会变什么形状呢？”

“会变成这样的。”我踮着脚走路。

“哦！那我以后不穿了，等我长大了再穿。”（估计是走累了，同时也真的怕她的脚会变形。）

当晚回到家里，她主动把鞋子放进盒子里，并跟妈妈说：

“妈妈，我把高跟鞋装进盒子里了，你收起来吧，等我长大了再穿。”

“好的，我给你留着，等你长大了再穿。”

思考：小孩子很憧憬成人的生活，因此总想体验一下做大人的感觉。出于好奇，他们有的喜欢穿妈妈的衣服，有的喜欢涂抹一下妈妈的化妆品，更多的孩子喜欢穿穿大人的鞋子。在保护充分的前提下，就让孩子穿穿吧，好奇心得到了满足，他们就不再穿了。

事件二：我有礼貌地说，你才给我读

周六早上吃早餐时，安琪抱着一本《幼儿画报》过来，让我读。

“爸爸，请你给我读书吧。”

“嗯，你这样有礼貌地和我说，我就喜欢给你读书。”

“爸爸，我有礼貌地说，你才给我读，我没有礼貌地说，你就不给我读。”

“好的。”

思考：生活中，安琪经常会用很强硬的语气向我们提出要求。例如：“把这个袋子给我打开。”这时我都会说：“这么没有礼貌地说话，我才不想帮你呢。”她马上会改口：“爸爸，请帮忙，帮我把袋子打开吧。”她这样说，我会欣然地同意帮她。

小孩子的不良行为总是要不断地进行修正，时间久了，好的品质才会形成。在这样的互动中，我在尝试让安琪感受到她自己的言行会给对方带来怎样的感受，并希望她能慢慢地学会换位思考。

事件三：明天我就这样擦

吃过了早餐，安琪自己去大便，过了一会儿，她在厕所里喊：

“爸爸，我拉完了。”

“好的，等一下，我马上过来。”

等我过去的时候，发现她竟然拿着纸巾自己擦屁股呢。

“你在自己擦屁股呢？”

“是呀。”

“要往后面擦。”

“是这样吗？”她往前面擦。

“是这样，往后擦。”我把着她的手教她。

“哦！”

我开始一张张地递纸，她开始不断地尝试。在失败和鼓励中，她终于成功了一次。

“诶！这次对了，就是这样擦。”

“嗯，那明天我就这样擦。”

思考：擦屁股对于小孩子来说真的不是件容易的事儿，尤其是还要让她往后擦。擦不干净不要紧，大不了过后大人帮她补擦一下，进步总是藏在不断地尝试中。

事件四：我要自己洗衣服

吃过了早餐后，安琪去阳台上玩，看到洗手盆那里有她的脏衣服。于是，她跑进客厅搬了一个凳子出去，然后站在上面开始洗衣服，还喊我给她抹泡泡。我把一块肥皂递给她，任她去洗。

思考：小手没有力气，洗不干净，但可以学学样子。对于小孩子的成长来说，有时候形式重于结果。

☆心中有他人

2012年5月12日　午夜

当孩子表现出助人行为时，我们应该及时给予欣赏和肯定，同时引导孩子体会一下受助者的心理感受，以及自己内心的喜悦。这些都会促进孩子做出更多的利他行为。

最近发现安琪喜欢上了帮人开门。每次走出或走进小区大门时，等我们刷完卡，她会抢着开门，然后把门开大，让我们先过，接着她会再看两边是否有人要进来或出去，直到所有人都过了门后，她才松手关门。过往的叔叔阿姨都会对她报以谢意，她会很高兴地回以微笑。

一天中午，我们去奶奶家，进门时她同样把大门拉开。这时一个叔叔拉着一桶水进门，车轮被石块卡住了。我帮他提了一下，车子顺利过去。那个叔叔对我们表示了感谢。

过后，我对安琪说：

“安琪，刚刚我们两个都帮助了别人诶！”

“是啊！”

“你帮助大家开门，爸爸帮助那个叔叔提了一下车子。他们都很感谢我们呢。”

“嗯！”

“帮助了别人他们很高兴，我们也很高兴。”

“是的。”

大学时我有一个非常好的朋友黄某某，他身上就有这种好品质，这也是我敬佩他的一个缘故。每次我们一起走在校园里，遇到需要帮助的人，他总是能够及时发现，并马上跑过去帮一把。坦诚地讲，我在这方面就挺迟钝的，有时即使遇到了需要帮助的人，也常常会被我忽略掉，主要是没有这种意识和习惯。不过，在他的影响下我也慢慢地学会发现需要帮助的人。

一个人是否具备这种品质，这和他的成长经历有很大关系。

最重要的一点在于心中是否有他人。

安琪爸爸想说

1. 一旦孩子身上表现出良好的品质时，一定要及时地发现并加以巩固，这样做不仅省力，而且效果好。错过了关键期，再想建立就要花费更多的精力和时间。

2. 助人是强者的行为，这种行为多了就有了强者的思维。进而，自信就形成了。

3. 如果一个人总是心怀他人，就会做出利他的行为。这样的人无疑会成为善良的人、受人欢迎的人。

☆我才不跟你走呢

2012年5月14日　0点

这个世界并不是绝对安全的，作为父母，尽管我们可以小心谨慎地保护孩子，但也无法做到万无一失。让孩子了解到危险的存在，并适当地教会孩子一些应对的本领是十分必要的。

今天参加了安琪的幼儿园组织的亲子游，去了顺德的长鹿农庄。去之前我以为它不过就是一个小农庄。今日一见，出乎意料，里面动物园、游乐场、餐厅、表演场和餐厅一应俱全。

这一天玩得很开心，其间发生了一件这样的事情。

吃过了午饭，我和安琪走到了骑马场旁。安琪要吹泡泡，我把泡泡水给她，她饶有兴致地吹了起来。过了一会儿，我对她说：

"安琪，我们去厕所吧，你一上午都没去了。"

"我不想去厕所。"

"那我想去，你陪我去吧。"

"你自己去吧，我在这里等你。"

"那好吧。"

我往两旁看了看，都是领着孩子游玩的人。于是马上跑进旁边的厕所，迅速解决了问题。出来时，安琪还在那里专心地吹泡泡。我想观察一下她接下来的反应，于是躲在旁边的树后偷看她。她吹一会儿泡泡，就会回头往厕所的方向望一望，见我没有出来，就继续吹泡泡。这种状态一直持续了五六分钟。为了测试一下她的安全意识和自我保护能力，我试着请一个陌生的阿姨帮忙，让她以爸爸朋友的身份提出带安琪去找爸爸。那个阿姨竟然同意了。

在阿姨和安琪聊了近一分钟的时间里，我看到了安琪多次地摇头，我那不确定的心终于安稳下来。我走了过去，那位阿姨对安琪大加赞赏："你这个女儿太聪明了，我说了很多次她都不跟我走，我说给她买糖她也不去，真是太棒了。"

之前我和安琪在读书过程中讨论过这个问题，并创设了一些生活中的情境，进行演练。例如：在超市里走丢了，怎么办；有陌生人敲门，怎么应对；放学了有人说是爸爸的朋友带你走，怎么应对，等等。通过这次检测发现，这样的教育方式对安琪还是挺有用的。

安琪爸爸想说

1. 社会的黑暗面让我们不得不教会孩子设置防线，更要教会孩子一些自我保护的本领。

2. 很多家长对待孩子危险的做法是采用"母鸡式的看护"，总是张开翅膀把小鸡护在下面。然而，小鸡在长成之前是一刻都不离开母鸡的。我们做不到时刻守护，所以我们要学习狼的"狠心"，教会孩子本领，让他们独自面对现实。从孩子发展的角度来看，这绝对是一种智慧的做法。

☆任你们吵去，本小姐独自睡得香

2012年5月16日　阴雨

孩子生活的环境过于舒适，对于孩子的长远发展来说并不是好事。如果孩子从小睡觉的地方绝对黑暗，没有任何噪声，时间久了就可以导致她在有光、有声音的环境中入睡困难。如果父母给孩子从小营造一个绝对安静的读书、学习环境，那么在噪声环境下，孩子可能就无法专注。

去长鹿农庄游玩过程中，中午下起了大雨，我和安琪躲在公共厕所里避雨的时候，安琪趴在我的肩膀上睡着了。见雨一直不停，我撑起雨伞，抱着她来到了动物园门口无雨处，把安琪放在这里的长桌上，让她继续午睡。尽管周围很多人，很吵闹，但安琪依然睡得很香。

路过的人都会好奇地看着她，觉得挺有意思。甚至有个叔叔专门走过来，低头看看这孩子怎么了。当他转头看到我后，不好意思地走开了。

周围有很多人，很吵闹，但安琪依然睡得很好。就这样她一直睡了一个多小时才醒，这时雨也停了，我们走进动物园继续游玩。

在安琪一两岁时，我经常会有意地在她睡觉时弄出点声音，一开始她会容易被吵醒，后来渐渐地习惯了。

我之所以这样做，是因为我自己在睡眠上就有很大的困扰——怕声音。尽管很困了，但是只要有噪声我就很难入睡，这个问题一直困扰着我。另外，在学习时，我也同样怕噪声的影响。之所以会这样，是在我上初中的时候，妈妈和人家聊天时说到我的学习，说我总是要在安静的环境下才能认真学习。这句话一直暗示着我，让我总是有意去寻找安静的场所学习，久而久之形成了这样的毛病。现在我经常会故意在人多的地方读书，来训练自己的抗干扰能力。

所以，为了孩子的长远发展，不要让他的学习和睡眠环境过于安静。

安琪爸爸想说

1. 父母们总是给孩子最好的，却从不思考哪些是孩子需要的，哪些是适合孩子的。

2. 看似理所当然的事情，却暗藏着隐患，我们要有清醒的头脑加以辨别。

3. 对孩子的养护不要过于精细，否则容易培养出温室的花朵，经不起阳光的直射和风雨的侵袭。

☆孩子无礼要求，家长如何应对

2012年5月16日　晴

生活中，孩子难免会提出一些让父母难以满足的要求，有时他们还会以哭闹进行要挟。如果我们委屈自己去满足他们的要求，那就是在鼓励他们的哭闹行为；如果我们用暴力和责骂来发泄心中的不耐烦，又会伤害孩子的情感。遇到这种为难的境况时，"和善而坚定"是应对这类问题的不二之法。

我们和安琪有过约定，如果想在奶奶家睡，在离开奶奶家之前就要提出来，回到家里后，我们就不会再送她过去。

今晚在床上，安琪躺在妈妈和我的中间。三个人很安静地躺着，本以为安琪会慢慢入睡，谁知她却突然大叫：

"我想和奶奶睡。"

"你想和奶奶睡是吗？可是现在很晚了。"

"我就是想和奶奶睡。"

"那等明天再和奶奶睡吧。"

"现在就想和奶奶睡。"

"现在已经很晚了，奶奶已经睡觉了。打扰别人睡觉是不礼貌的。"

"不嘛，我就是要和奶奶睡。"

"如果你想去，可以自己去。"

"爸爸妈妈送我去，然后你们再回来。"

“爸爸工作一天很辛苦了，不想去。”

“那妈妈送我去奶奶家，然后再回来。”

“我也累了，我不去送你。”

“你们送我去，我想和奶奶睡。”

“我知道，你想和奶奶睡。”

她沉默了一会儿：“那我想现在就和奶奶睡。”

……

我们不出声，不理她，任她独自嘟囔。

她一直吵着没完，我一直忍着，同时也酝酿着如何和她说。

终于，我坐了起来，和善而坚定地说：

“安琪，我知道你现在很想去奶奶家和奶奶睡，不过现在已经很晚了，我和妈妈今晚是绝对不会送你去的，你想哭的话，可以哭一会儿。”

她很快便安静了下来，我把她搂在怀里说：“现在爸爸抱抱你，抱完你后就安静地睡觉吧。”

接着，我一边抱着她，一边拍她的小屁股，她安静地像个小天使一样，过了一会儿，我放下她，她很快便睡着了。

平时我和安琪说话时，语气都是十分平和的，很少会批评她。因此，当我很严肃地和她讲话时，她会知道我是很认真地在和她说话。另外，对她，我从来都是说到做到的，从未有过言而无信的时候。所以她知道，她再哭闹下去也没有用。

很多家长曾向我咨询过类似的问题，他们深受困扰，却不知如何应对。要知道，应对起来真的不容易，处理不好，经常会出现亲子间的争吵，严重的，父母会对孩子拳脚相加。

经常遇到这样问题的家长往往是因为常常犯这样的错误：1. 定下的规矩执行不力，结果孩子会利用这点，不断得寸进尺地侵略你一再降低的底线。

2. 经常批评孩子。孩子对家长的批评、指责习以为常。3. 经常在孩子面前动怒或显得精疲力竭。我们生气的样子，是在向孩子暗示我们对她已经没办法了。4. 不信守诺言。慢慢地，孩子就会不相信我们，对我们的话也会不再认真对待。

安琪爸爸想说

1. 当三岁的孩子对父母提出无理要求，无理取闹，有时是在挑战父母的权威，她想试探自己对父母的控制能力有多强，因此，我们不能以牺牲权威为代价而屈从她的无理要求。否则，以后她会变本加厉。

2. 父母的威严是在生活中的点点滴滴中积累而成的。千万别天真地和孩子玩“朋友平等”来显示你的慈爱。否则，你将会有无尽的麻烦。

3. 要想你的话语被孩子重视，首先你要重视自己说出去的话和做出的约定。努力去践行，千万别失信于孩子，否则，我们为人父母的威信就被我们自己践踏了。

☆我陪着你等

2012 年 5 月 22 日　下午

晚饭后我们带着安琪出去散步，走到理发店旁，我对安琪说：

"你和妈妈在这里玩，我去理发。"

"我和你一起去。"

"那好吧。"

当我们走到理发店门口时，发现里面的理发师正给一个人理发，还有一个人在等。于是我拉着安琪要往回走。她很奇怪地问：

"爸爸，你不是要理发吗？怎么不进去呢？"

"里面人太多了，等下次再来吧。"

"没事儿的，走吧，我陪你等。"

"你要陪我等啊，那好吧。"

我们走进了理发店，找了椅子坐好，安静地看着理发师理发。

等第一个人理完发时，安琪马上对我说：

"爸爸你快过去吧！"

"还没轮到我呢。我前面还有一个人呢。"

"哦！"

"我们继续等。"安琪一直很安静地坐着。

我终于坐到了理发的椅子上，安琪显得很兴奋，跑到我身旁，想看看是怎么剪的。

"安琪，你在这里会影响阿姨理发的，剪下来的头发也可能会掉进你眼睛里的。你去后面椅子上坐着等我吧。”

“好的！”

就这样，整个过程她一直陪着我安静地等待，原来她比我有耐心！

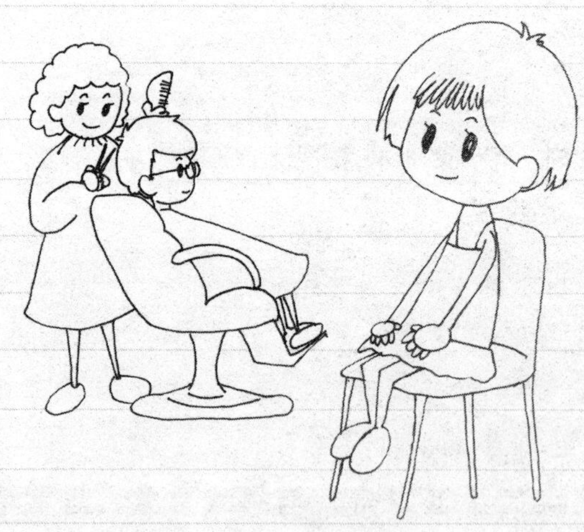

☆生病的孩子需要支持和关爱

2012年5月24日　闷热

安琪从前天中午开始发烧。当我下班回到奶奶家里时，看到她比以往要安静和乖巧许多。头上贴着退热贴的她走到我面前，小声地告诉我：

“爸爸，我发烧了。”

“是吗，很不舒服吧？”

“嗯，不舒服。”

“发烧好吗？”我抱起了她。

“好！”

“为什么呢？”

“因为可以贴这个。”（她指的是退热贴。她平时不发烧时总是吵着要贴，今天她终于可以贴上了。）

晚饭后，我坐在沙发上看报纸。从前那个吃完饭后活蹦乱跳的安琪今天竟安静地趴在沙发上。我看到她那可怜的样子，对她说：

“安琪，过来，让爸爸抱抱你吧。”

安琪走过来，我抱着她，看着她的眼睛对她说：

“生病了，会感到不舒服，不过不用担心，爸爸妈妈会照顾你的，奶奶也会照顾你的。”

点头。

“那以后爸爸妈妈生病了你也会照顾我们吗？”

点头。

“生病会让人感到不舒服，所以我们平时要保护好自己，最好不生病。”

点头。

晚上回到家里，给她吃药，妈妈要喂她。她对妈妈说：

“妈妈，我自己吃。”

“好吧，你自己吃吧。”

“安琪是大姐姐了，可以自己吃药了啊？”

“嗯！”

整个晚上安琪都在持续地发烧（38度）。

第二天早上，我上班前和她道别时，她问我：

“爸爸，我今天要上学吗？”

“你今天不用上学。你发烧了，要在家里休息。”

“那爸爸要上学，要上班吗？”

“爸爸今天要上班。”

“那妈妈要上学，要上班吗？”

“妈妈也要上班。”

“那谁在家陪我呢？”

“今天奶奶会在家里陪你的。”

“奶奶不用去买菜吗？”

“今天奶奶不用去买菜，她可以在家里陪你。”

“哦！”

“爸爸要上班去了，你在家里好好休息。再见！”

“再见！爸爸下班后要快点儿回来。”

“好的，我一下班就马上回来。”

在持续高烧一整天后，晚上烧到39度，去医院打了一个吊针，很快就退烧了。我那颗一直悬着的心终于安稳下来。

安琪爸爸想说

1. 孩子有了病痛，父母的心里都是会十分焦急的。但是我们的焦急不要表现得过于明显，否则这种不良情绪会传递给孩子，成为消极的暗示。

2. 如果我们能以平和的心态去面对，并把支持传递给孩子，她就会获得面对病痛的勇气。

3. 孩子生病了，父母常常会在建立免疫力系统与吃药打针间权衡。因此，去不去、何时去看医生也是很考验家长的。

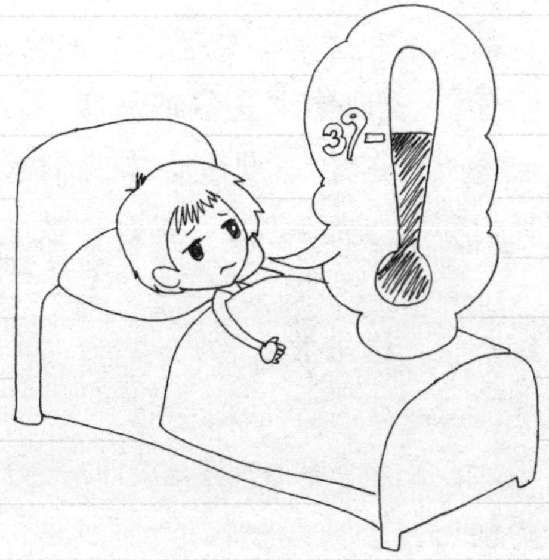

☆家有小虫来做客

2012年5月28日　中午

时而飞入家中的小昆虫也可以成为孩子学习的资源。和孩子一起趴在地上观察它，在增加亲子间情感的同时，还可以让孩子学到知识，多好啊！

最近几乎每天都会有一两只甲虫飞到家里的阳台上，被玻璃挡住飞不出去。安琪看到后会喊我过去看看。一次飞进来的是一只金龟子，六脚朝天地躺在地上，安琪对这只不明生物有些恐惧。不过看到我凑近了看它，她也得到一些鼓励，和我一起贴近了观察它。

我们的交流开始：

"安琪，你看这是金龟子，它来我们家做客了，我们一起欢迎它吧。金龟子，你好！欢迎你来我们家做客。"

"金龟子，你好！欢迎你来我们家做客。"

"我们和它一起玩吧。先数一数它有几条腿。"

"一，二，三，四，五，六，七。"

"我来指，你来数。"

"一，二，三，四，五，六。"

"嗯，它有六条腿。你看它的头好小啊。还有两个小触角呢。你来摸一摸它的腿吧。"

"我不摸，爸爸摸吧。"

"好吧！你看它还用腿来蹬我呢。它乱动的腿真像是在跳舞啊。它躺累了，我们帮它翻过身来吧。”

“好的。”

“这次，你摸摸它的壳吧。”

“我把着你的手摸。”于是她握住我的手指去摸它。

“你看，它是我们的好朋友，不会伤害我们的，你也摸摸吧。”

于是，她试图伸手去摸它，还有一点点距离就要碰到时又缩了回来。经过了两次的鼓励，她最后还是没有突破，我也就不再强求她。

接着，这只金龟子还给我们做了几次飞行表演，结果每次都是被玻璃挡回来。它每次飞起来，安琪都看得很兴奋。

……

最后，我提议：“我们帮助金龟子回家吧。”

“好的！”

“金龟子再见！”

“金龟子再见！”

金龟子飞走了，留下了安琪对它的一阵张望。

之后，家里还进来过椿象（一种有味、难看的甲虫）。我也会硬着头皮带着安琪去观察它，去摸一摸它。

感谢这些常来我家做客的甲虫，它给我们父女提供了互动的话题，更有机会让我们观察它，了解它。更重要的是，能够让安琪这个胆小的小女生有机会经常接触它们，慢慢地不会再害怕它们。

除了这些甲虫类的小动物，生活中，我们还遇到过小老鼠、蛇、蟑螂、癞蛤蟆、白蚁、蜗牛、巨型蚯蚓，以及一些不知名的小动物，每次我们都会去观察。有一次我们在奶奶家楼下看到了一只刚长毛的小老鼠，我们观察了很久，安琪很喜欢，还摸了摸它。

安琪爸爸想说

1. 很多人都会害怕某些小动物，如：蜘蛛、老鼠、蟑螂、毛毛虫、蚯蚓、青蛙等。这与性别、性格以及童年的经历等有很大关系。如果我们害怕的这种动物很常见，就会对我们的生活造成影响。我从小就害怕青蛙，在农村生活时经常被突然跳出来的青蛙吓到，还好现在生活在城市里面不容易见到了。

2. 如果家长在见到自己害怕的动物时表现出十分惊恐的样子，就很容易把恐惧传递给孩子，导致孩子也会害怕这种动物。有的家长还会向孩子渲染这种动物有多么可怕，以为这样做可以保护孩子，可结果却可能是给孩子留下了精神包袱。

3. 当孩子表现出害怕某种动物的时候，我们要尽早帮助他们脱敏。否则，持续久了，这种恐惧心理就会变得难以消除。

☆孩子，你本来就很好

2012年6月4日　晴

小佳阿姨送给安琪一件漂亮的裙子作为儿童节礼物。安琪非常喜欢，总是问什么时候能穿。周六下午回家，她在楼下就望到挂在家里阳台衣架上的裙子，大喊："爸爸，快看，小佳阿姨送我的漂亮裙子。"

周日早上，安琪早早地就起床，拉着我跑去阳台看她的裙子干没干。

我们上午计划去超市，她穿好了裙子后坐在沙发上问我：

"爸爸，今天我们去的地方有很多小朋友吗？"

"是啊！"

"那就好了。"（对于她提出的这么反常的问题，我马上猜想到了她的想法：想向别人显摆自己的裙子多漂亮。）

"你是想让别的小朋友看到你的漂亮裙子是吗？"

"是的，他们会喜欢和我玩的。"

"嗯，是的。不过他们喜欢和你玩不是因为你穿了漂亮裙子，而是因为你很可爱。你不穿裙子，穿其他衣服时也很可爱，小朋友也喜欢和你玩。"

"嗯。"

快到超市时，出了电梯，我们要先经过卖成人服装的商场，安琪便问：

"爸爸这里怎么没有小朋友呢？"

"这里是卖大人衣服的，一会儿去超市那边就会有很多小朋友了。"

"哦！"

到了超市的文具区果然有很多的小朋友在那里。安琪兴奋地说：

“这儿真的有很多小朋友哦。他们都喜欢和我玩的。”

“是因为你穿了漂亮裙子吗？”

“是啊。”

“他们喜欢和你玩是因为你是一个懂事的、可爱的孩子。如果你没有穿漂亮的裙子，他们也会喜欢和你玩的。”

“嗯！”

晚上冲凉前我问安琪：

“你穿裙子可爱吗？”

“可爱。”

“那你不穿裙子可爱吗？”

“也可爱。”

“嗯，你穿不穿裙子都很好，不过穿上漂亮的裙子会让你更加漂亮。”

点头。

安琪爸爸想说

1. 作为父母，在和孩子沟通的过程中，我们要结合具体情景猜想孩子话语背后内心的真实想法。只有这样，我们才能够给孩子提供他们想要的答复和正确的引导。

2. 小孩子喜欢漂亮的事物并向别人去展示，这是很正常的行为。但是如果像安琪这样，产生了要凭借外在事物来提升自己这种意识时，家长就要给予引导了。我们要看出她对自身的不自信，要设法帮她树立自信。

父母自身的情绪管理对孩子的影响很重要

2012年6月25日 雨

最近，我的情绪很不稳定，心神不宁，难以静下心来思考问题。这样的一种状态在我和安琪的互动中产生了一些负面影响。这也让我更深刻地体会到我们父母的情绪会对孩子产生多么深远的影响。

这些天安琪每天都要很晚才睡觉，有时甚至要到十点半才能睡着。昨晚我们为了帮她调整，很早就洗了澡，读了书，九点钟就躺在床上。结果安琪总是安静不下来，一会儿爬起来跳跳，一会儿跑出去拿点东西。我感到很生气，每次她爬起来，我都会语气很不友好地让她趴下睡觉。之后，因为她提出了无理要求我们不答应，她开始哭泣。我被她搞得筋疲力尽，最后把她抱到客房，让她自己睡。她一个人躺在客房的床上继续哭。我回去一边听她的哭声，一边反思：其实她之所以会哭，而且哭个不停，很大程度上是我的糟糕情绪引起的。认识到自己的责任，我意识到自己要做些改变。于是我走到她身边，把她搂在怀里，小声而关心地问她：

"你好像不太困，是吗？"

"嗯！"（带着哭腔。）

"可是爸爸妈妈很困了，爸爸上了一天的课，妈妈也值了一天班，很累了。而且，明天你们小小班还要升国旗呢，睡晚了，明天会没精神的。好了，和爸爸过去睡觉吧。”

安琪回去躺下，再没有发出声响，安静地睡了。

安琪爸爸想说

1. 习惯了10点钟睡觉的安琪，一下子让她9点睡，她难免会睡不着，对于这样正常的行为表现，我没有给予理解，而只是一味地批评和强迫，难免会让孩子感到烦躁，烦躁产生了就更不利于她入睡。因此，我一开始就做错了。

2. 这件事让我很深地体会到，如果我们总是从行为层面去观察问题，解决行为问题，那就太表层、太肤浅了，而且这样做不仅不能解决问题，还容易把问题弄糟。因此，我们要多从情绪的角度去观察，然后尝试去应对隐藏在孩子行为背后的情绪。

3. 在做家庭教育咨询工作时，很多家长常常会问我，为什么他们的孩子容易发怒、急躁。我让他们反思自己时，他们常常会说自己也这样。孩子的情商水平和父母的情商水平成高度正相关。这说明，情绪是容易从父母身上传递给孩子的。因此，我们要努力管理好自己的情绪。

☆从被动分享到主动分享的转变

2012年6月28日　下午

昨晚安琪妈妈要加班，安琪和我在家，我俩多了一些交流。吃饭前她让我抱着看冰箱里有什么，结果她发现了“六一”儿童节时一个同事送的一袋糖果小礼包。她很兴奋地拿出来，把它摆在餐桌上，自己的饭碗旁，说要吃完饭再吃。

她坐好后，看到外婆要回家了。便问我：

“爸爸，我可以把糖分给外婆一颗吗？”

“可以啊。”

“外婆，你等一下，我分给你一颗糖。”

“外婆要回家了，你明天再分给我吧。”

“不行，现在就分。”

“那好吧。”

安琪费力地把包装打开，看了看里面说：

“外婆，里面都是小孩吃的，没有给大人吃的。还是不分给你了。”

“好吧，那等下次有适合大人吃的东西时你再分给我吧。”

“好！”

吃完饭后，安琪问我：

“爸爸，我分给你一颗糖吧。”

“我不要了。”

“为什么不要啊？”

"我吃饱了饭就不想吃糖了。"

"哦，那好吧。那我可以吃吗？"

"可以，你可以吃一点。"

她拿出一袋较大袋的糖果问我：

"爸爸，我可以吃这个吗？"

"可以，不过只能吃一半。"

"哦，那我换一个吧。"

她又挑出一袋巧克力。问我：

"爸爸，我可以吃这个吗？"

"这个可以吃一袋，吃吧。"

"那你帮我打开啊。"

"我给你剪刀，你自己把它打开吧。"

她兴奋地接过剪刀坐在地上开始剪。由于我递给她的是厨房用的大剪刀，她的手太小，尝试了几次都没有成功，但她还是在耐心尝试。我也不再管她，转身去洗碗。过了一会儿，她把剪刀还给我，手里还拿着剪开的巧克力袋。

我们坐在沙发上，她一边吃巧克力，一边听我给她读书。这时妈妈用钥匙开门，没等妈妈推门进来，安琪就开始大声喊：

"妈妈，等你吃完饭我跟你分享一颗糖。这个糖可好吃了。"

"好的，等我吃完了饭，你再给我吧。"

"好的，等你吃完了饭我再分给你一颗糖。"

安琪爸爸想说

1. 小时候，安琪吃东西时，如果你向她要，她会勉强地用指尖掐一丁点儿给你。现在她吃自己的饼干和糖果时经常会给我们分一块。由被动地分享到主动地分享，这真的是很大的转变。

2. 小孩子的转变是慢慢发生的，家长千万不要心急。还是那句话：在孩子心中种下善的种子，生长就留给他们自己去完成吧。我们时而浇浇水，施施肥，还有就是满心地期待。

☆卖了报纸请吃棒棒糖

2012年7月2日　大雨

每天早上在我起床时，安琪都会跟着一起爬起来，然后让我抱一会儿，接着等我出门时先帮我按电梯，再告诉我下班要早点回来。每天早晨的这段时光都是那么温馨，那么美好。

今天早上，醒来后，为了不吵醒她，我轻声地起床、洗脸、刷牙。这时安琪妈妈走出来告诉我走之前要把安琪叫醒，因为之前的经历告诉她，如果安琪醒来见爸爸已经上班去了就会大哭一场。

妈妈说话的声音把安琪吵醒，她醒来马上站在床上喊："爸爸，爸爸！"我走进去告诉她："爸爸在洗脸，你躺在床上等我一会儿，我洗完了再过来抱你。"她安静地趴到枕头上继续睡。

洗漱结束后，我坐在床边对她说：

"过来吧。"

她马上爬过来让我抱起她。我把她抱到窗边，拉开了窗帘，对她说：

"你看外面下的雨好大啊。"

"好亮啊，我看不清楚。"

我转动身体，不让她直视窗外。

"爸爸，昨天你给我买的棒棒糖呢？"

"你不是放进冰箱里了吗？"

"哦，那我可以拿到幼儿园去吗？"

"为什么要拿到幼儿园去啊？"

“我要给我的小朋友看看啊。”

“可是只有三个棒棒糖，到时你分给谁啊？ 你分给两个人，其他人没有会多难过啊。 要是只有你自己吃，别人看着得多馋啊？”

她笑着看着我：

“那你怎么不多买几个呢？”

“你也没说要请同学们吃啊，你要是说想请同学吃棒棒糖，我就多买一些了。”

“嗯。”

“你想请同学们吃棒棒糖，是吗？”

“是的。”

“那等你把报纸卖了，买些棒棒糖请同学们吃吧。”

“好的。”

“好了，爸爸要上班去了，你去帮我按电梯吧。”

她帮我按完电梯后站在门口对我说：

“爸爸，我好想让你送我去幼儿园啊。”

“爸爸上班要迟到了，不能送你去幼儿园。”

“不嘛，我就要你送我去幼儿园。”

我蹲下安抚她：

“宝贝，爸爸很爱你，所以我也很想送你去幼儿园。 爸爸的上班时间早，妈妈的上班时间晚一些，如果爸爸送你去幼儿园，会迟到的，所以只能是妈妈送你去幼儿园。 爸爸下班会早点回来和你玩的。”

她有点失落地接受了现实，慢慢地走回房间，留给我一个小小的背影。

安琪爸爸想说

1. 这样的场景一定要记录下来，若干年后，当我再次读起时心里一定会暖流涌动。我想，对长大后的安琪来说也会是一笔小财富。

2. 上次她的一个同学拿了一些零食和全班的同学分享，安琪拿回来后特别地高兴。经历近一个月的收集，她的报纸收集箱已经装得满满的了，这次卖了之后还真可以请同学们吃棒棒糖了，那意义还不小呢。

☆安琪赚到了人生“第一桶金”

2012 年7月3日 阴

昨天下班回到家，安琪高兴地向我展示了她赚到的人生第一桶金——18 元。原来外婆帮她把攒了一个月的报纸和废品卖了。

“爸爸，爸爸，你看！”

“哇，哪来的钱啊？”

“外婆帮我把报纸卖了，你看好多钱啊！”

“是啊。快让我看看，哇，17 元哦。”

“嗯。”

“不对，是 18 元。”

“是啊。”

“这是你自己赚的钱诶，你可以买你喜欢的东西了。”

“是啊。”

吃晚饭的时候，我们又讨论起了这件事儿。

“安琪，你还没有告诉妈妈你赚钱的事呢。”

“妈妈，今天外婆帮我把报纸卖了，你看卖了这么多钱。”

“哇！卖了这么多钱呀。”

“是呀！”

“对了，安琪，今天早上你不是说想请同学们吃棒棒糖吗？我们用这个钱买些棒棒糖请同学和老师吃吧。”

“好啊，好啊！”非常兴奋地拍手。

“我们吃完饭就去买棒棒糖吧。”

“好的，妈妈我们快点吃饭，吃完饭去买棒棒糖吧。”

“好！”

“爸爸还要告诉你一个好消息，明天上午爸爸出去开会，早上可以送你去幼儿园。”

“哦，爸爸可以送我去幼儿园！”安琪非常兴奋地在椅子上蹦跳。

吃过晚饭，安琪迫不及待地跟着我去了超市。我们选了一包30粒装的棒棒糖，价格是12.9元。我给安琪13元让她自己付钱，她先给了一张十元的，售货员告诉她：“这些钱，不够。”她小心地抽出一张一元递给阿姨。“还不够！”她又抽出一张一元递过去。“还不够！”她不舍地把最后一张也递给了阿姨。我向售货员解释道：“这是她攒了一个月的报纸卖的钱。”阿姨看着安琪会心地笑了笑。

回来的路上，我们又聊了起来：

“安琪，明天早上我送你去幼儿园，见到了吴老师你和她说：‘吴老师，安琪攒了一个月的报纸，卖了18元钱，我想请老师和同学吃棒棒糖，可以让安琪发给同学们吗？’这样说行吗？”

“好的！”安琪有点兴奋，又有点不好意思地笑了。

“你希望老师帮你发给同学，还是你自己发呢？”

“我自己发。”

“你要不要送给园长一颗呢？”

“不给。”

“为什么呢？”

“这些糖是送给小朋友和老师的，不是给园长的。”

“可是园长可能也喜欢吃，还是送给园长一颗吧。”

“不给，这是我的。”

“哦，那好吧，你自己决定吧。”

早上，去幼儿园的路上。

晚上，我因批改期末试卷，加班到9点多，回到家时安琪正在和妈妈读书。听到我的开门声，马上跑出来。我迫不及待地问她今天分棒棒糖的情况，她兴奋地向我描述了在幼儿园里发生的故事。最后，她突然想起来：“我还给你留了一颗呢，爸爸，你跟我来。”她跑着带我到客厅，找到那颗专门留给我的棒棒糖送给我。

心里那个感动啊！稀里哗啦的！

安琪爸爸想说

1. 我第一次赚钱是在大学一年级时和同学去批发了学习用品和冬季保暖物品到男生宿舍敲门推销，虽然很辛苦，赚钱又不多，但是那感觉是非常特别的。以后我会多给安琪创设一些赚钱的机会。例如，可以把一些不看的书、不玩的玩具在小区里摆地摊出售。

2. “君子爱财，取之有道。”对孩子进行金钱意识方面的教育是有必要的，家长不应该一提到钱就有罪恶感，担心孩子会变得很物质，很功利。因为，这种先入为主的观念，会在我们与孩子的互动中无形地表现出来，让孩子觉得钱不是好东西。

☆安琪当了偷吃的小老鼠

2012 年8月2日　下午

暑假期间我带着安琪回东北老家省亲，在我的外婆家里住了几天，安琪做出了几次很搞笑的事儿，其中一次就是当了回偷吃的小老鼠。

由于东北的气候比较凉，不会像广东那样容易上火。因此她在这里可以多吃一点零食，但是同样也是有限度的。吃到一定数量之后她都会很配合地把零食收起来。但是也有偶尔忍不住的时候，于是她就会做出令人捧腹的事情。

昨晚我带着她去楼下的超市走了一圈。她想买一袋小颗粒状的糖果，我同意购买但是要求每天只能在饭后吃两粒，她也表示了认可。今天早上吃完了早饭，她便要求我帮她打开糖果的包装。我帮她打开后，她先给我们每人分了一颗，自己拿出了两颗，然后把糖果袋放到了柜子上。

过了一阵子，我去刷牙，想起她还没有刷牙，去找她时发现她把自己关在了姑姑的房间里。我马上就猜到了她在做什么“坏事”，于是慢慢地把门推开，发现她躲在衣柜和床之间的小空间里，手里握着那袋糖果。她见自己的“坏事”败露，眼神里充满了紧张和羞愧。我没有批评她，而是转移了话题：

“安琪，你该刷牙了。”

“嗯，好的！”（异常地配合。）

我向她伸手，她把糖果袋递给了我。

我再把手伸到她的嘴边，她马上吐出还剩下的半粒糖果。这个过程，我一句话都没有说。

接着，她跟我去刷牙，她从来都没有像今天这样认真地刷过牙。

安琪爸爸想说

1. 对于孩子的犯错，我们首先要从中寻找出积极面。安琪在偷吃糖的过程中，她首先把门悄悄地关上，还找了一个隐蔽的地方藏起来。可见她做事细心，办法得当，考虑周全。要不是我正好要找她刷牙的话，她是不会被发现的。不过这些自己心里明白就好了，可不能和孩子说，更不能在此时对此加以表扬哦。

2. 在我儿时的成长过程中，也做过很多错事，也败露过很多次，而在被发现的那一刻，成人的态度和应对方式会严重影响自己对待错误的态度和改正错误的决心。如果成人严厉批评、指责说教，甚至暴力相加的话，我可能心里会不服气，为了避免或减轻惩罚力度，我也可能会挖空心思来寻找理由为自己辩解，甚至会用说谎来逃避惩罚。这样过后，往往不是心服口服地反思自己的过错，而可能是短期内因为惧怕惩罚而不敢再去做，也可能是为了表现出自己不惧怕权威而故意再犯。倘若成人能够用和善的方式和我沟通的话，我可能会心悦诚服地认同并加以改正。同时，我也会对对方敬爱有加。因此，我们在对待孩子的错误时，不应用情绪来解决问题，而应该用理智。我们应该在平时多些提醒，而在孩子犯错时却要多些宽容。

3. 当自尊心较强的人坏事败露之时，心里是很紧张和尴尬的。这时对他们来说，最关心的是颜面。所以这时如果能够给孩子留些面子的话他们会很感激的。至于错事本身，我们不说，孩子也心知肚明。如果一定要讨论，那就等孩子心里恢复平静后再说吧。

☆偶遇偏科的两岁女孩

2012年8月17日 阴

几天前带着安琪在马路上闲逛，路过一家店铺时，门口的两只小鹦鹉吸引了安琪的目光。于是，她拉着我去看它们。这时，一位妈妈领着女儿也过来看鹦鹉。小女孩很可爱，指着鹦鹉让妈妈看。这时妈妈问道：

“宝贝，这里有几只鹦鹉啊？”

“一，二，三，四，五，六，七。”

“乱说！这里不是一只加一只等于两只吗？”

“嘿嘿！两只鹦鹉。”

“对呀。”

这时，这位妈妈转过来问我：

“你女儿几岁了？”

“三岁半了，她呢？”

“两岁。唉！她有点偏科。语文好，数学不好。”

“啊？！”

“她语文可以认识700多个字了，数学就不行，教了就忘。”

“是吗？两岁就认识这么多字啦！”

“是啊，早教班里学的。平时她也挺喜欢认字的，在路上遇到认识的字就告诉我们，遇到不认识的字就会问我。”

“哦，还挺好学的，我们就还没有教孩子认字。”

“哎，不过我在电视上也看到，不要让孩子这么早认字。”（她说这话明显是在安慰我。）

“嗯，我也觉得不用着急。”

和这位妈妈聊天中最让我惊讶的是，她说自己两岁的女儿偏科。我的天啦！一个孩子，从两岁开始就被妈妈贴上了一个这么大的标签。而且以后这个标签还要被妈妈不断地提及，最终很可能内化，让她认为自己就是学语文的料，学不好数学，因为妈妈在她两岁的时候就看出来了。

能够让一个两岁的孩子对700个汉字图形形成记忆，并能够熟练地提取、再认，这需要早教老师、孩子家长以及孩子自己花费多长时间去练习，经历多少次的强化啊！问题是，到最后，意义是什么呢？是让孩子能够读书看报？锻炼孩子的记忆能力？赢在起跑线上？我想，这些目的不仅无法达到，反而会有很大的弊端，对孩子以后的发展产生不良影响，因为这种做法本身就是在违反人类成长的自然规律。

不过要说一点作用也没有，也不对。别的孩子都认字了，自己的孩子不会认怎么行呢？说出去多没面子。

安琪爸爸想说

1. 中国字很特别，每个字都像一幅图画。也正因此可以让孩子容易记住，因为她只要记住这个独特的形状就可以了。如果让两岁的孩子记忆英文单词，肯定没有那么容易，因为英文单词是字母的排序。安琪在一岁半左右时，很喜欢听奶奶给她读书，其中有一本书是教汉字的。经过奶奶的多次强化之后，安琪可以点着字把整本书的字都认出来。奶奶特别自豪地让安琪向我们展示。这说明只要成人肯花时间，让一个两岁的孩子认识700个字是不成问题的。但是这种机械式的记忆对孩子的成长有何用处呢？后来我和妈妈沟通后，把这本书藏了起来。到现在安琪只认识“安”字。

2. 我们的祖先在制造汉字的时候，主要是通过事物的表象造字的，也就是所谓的象形字。另外，随着汉字的不断简化，它们变得越来越抽象。如果我们在孩子还不知道什么是山之前，让她认识“山”字，是不是本末倒置了呢？这时的“山”字在她的大脑里会形成怎样的表象？认识“山、石、田、土”这类“有形”的汉字都无法让孩子在头脑中形成表象，那么，像“你我他、冷热、酸甜、美丑、上中下”这类“无形”的汉字，孩子又会有怎样的理解呢？世间万物都是按照规律运行的，为何我们聪明的人类在教育孩子的过程中偏要逆势而为呢？

3. 六岁以前是一个人成长的最为关键的时期，有很多重要的事情要做。我们真的不应该将孩子这段宝贵的时光用在做不符合自己发展规律之事上。

当然，也不是说一定不能教孩子认字。到了四五岁时，随着孩子对周围世界的经验增多了，理解能力增强了，适当地认识一些汉字也不是坏事。例如，孩子在玩水的时候，认识了“水”字，这也是很自然的事。下次她见到了水字，也能在头脑中形成水的表象和概念。

☆家庭演唱会

2012年9月12日　早晨

在家中营造出轻松、欢快的气氛，在家人的带动下，哪怕是非常内向的孩子，也会变得自信、开朗起来。

昨晚，吃过晚饭后，安琪让我帮她化妆成小魔仙，她要站在“舞台”上面给我们表演节目。

“爸爸，你帮我把这些小魔仙的玩具插在头发上吧。”

“你要扮演小魔仙吗？”

“嗯，一会儿我要站在舞台上给你们表演节目。”

“哦，好啊！”

表演开始了，安琪站在她的电子琴旁，拿着话筒开始介绍：

“大家好！我是琪琪。我给大家表演个节目。”（声音压得很低，很害羞的样子。）

奶奶一边看一边鼓励她大点儿声。她又介绍了一次，声音大了一点儿，然后唱了一首《小星星》。

等她唱完后，我们大声地给她鼓掌。

为了给她做个榜样，我自告奋勇地走出去。

“我也想表演一个节目，可以吗？”

“可以！”

“大家好！我的名字叫安风涛，现在我给大家演唱一首歌曲，歌曲的名字叫《找朋友》。”

我用很响亮的声音做了介绍。安琪显然很受鼓舞。我唱完后，她再次出来介绍时声音大了很多。我们就用更响的掌声来鼓励她。

等她唱完第二首歌之后，她竟然开始邀请她的妈妈出来表演。妈妈很努力地表演，但是并没有通过安琪的“验收”。

“妈妈，你的声音太小了。要再表演一次。”

“啊？那好吧。”

结果妈妈再次用更大的声音表演了一次，才算过关。我要求再次出场表演，结果被她拒绝。

“我还想再唱一首歌。可以吗？”（我这样做是想让她感觉到我们都很想演出，演出的机会很难得，这样她自己也会更愿意争取表演的机会。）

“不行，每个人只能唱一次，要轮着来唱，现在到奶奶了。”

奶奶出场表演，表现得很自然、大方，顺利通过安琪的“验收”。在我们共同努力营造出气氛和做出示范之后，安琪最后上去表演时，声音响亮，还带有微笑，结束时还加了谢幕。

安琪遗传了爸爸和妈妈的性格特点，从小就比较内向、慢热，不喜欢受众人的关注。我们一直在这方面努力帮她调整。

安琪爸爸想说

1. 虽然个性没有好坏之分，但是我们也要努力去避免由于性格因素导致的负面影响。例如，安琪的内向就很容易导致她不自信。于是我们就要努力去帮她修复，建立自信。

2. “说教”在三岁的孩子面前往往会显得很苍白。“身教”的力量则直接而有力，生动而形象。

3. 因为有孩子，家里增添了许多快乐，父母要珍惜这份福分。

☆孩子，请你爬起来

2012年9月16日　0点

小孩子和成人相比，头部占身体的比例较大，重心较高，因此较成人容易摔跤。那么，小孩子摔跤了，作为家长的我们应该如何应对？一般来说，比较合适的做法是鼓励孩子自己站起来，并适当地安慰孩子。如果是普通的摔跤，这种做法比较合适。可是，如果孩子摔伤了，甚至流血了，仅仅是鼓励就远远不够了。

记几次发生在安琪身上的摔跤经历。

经历一：安琪一岁多时，刚刚学会走路的她是非常容易摔倒的，经常被绊倒后就会大哭。

奶奶的做法：每次奶奶见了都会非常心疼，于是常用东北农村教育孩子的“土办法”，把小家伙抱起来，然后一边帮她揉痛处，一边拍打绊倒安琪的东西说：“宝宝不哭，都怪这个东西，把我宝宝绊倒了，奶奶打它，好了，不哭了。”

我的做法：我首先会鼓励安琪自己爬起来，有时也会伸只手给她拉，然后拥抱一下她，给她提供心理上的支持，等她停止哭泣后再和她讲话。

“安琪刚刚摔跤一定很疼吧？”

“嗯！”

“那爸爸帮你揉一揉，你自己给自己也揉一揉。你刚刚是不小心碰到凳子才摔倒的。你很疼，可凳子也被你碰疼了，我们也给凳子揉一揉吧。”

然后她会和我一起再帮凳子揉一揉。

分析：试问奶奶的这种做法对哄好哭闹的孩子是否有用？我认为是有用的。也正因为有用，才使得这种做法广为流传，并传承至今。之所以有用，原因有两个。一是分散孩子的注意力，拍打的动作和伴随的言语可以将孩子的注意力从自身的疼痛上吸引过来。二是奶奶在将孩子摆在受害者的位置上的同时还指出了“施害者”，并对“施害者”进行严加拷打。这会让孩子觉得奶奶为自己报了仇，出了气。通过这个途径，孩子的不良情绪得以宣泄，所以会容易被哄好。

然而，这种“有用”是很表面的，深入一点思考就会发现“有用”背后的危害。一是孩子走路摔倒，责任完全在她自己，既然这样，就应该是她自己承担这份责任，怎么可以将责任推给那个不会动的物品身上呢？长此以往，孩子会变得蛮不讲理，遇事推卸责任。更加可怕的是，她会很容易形成一种可怕又可怜的思维模式——遇到问题，总是将自己置于受害者的位置上去思考问题，然后埋怨他人如何对不起自己。二是每个人小时候都会摔很多次跤，这说明，摔跤是很正常的。摔跤的过程就是成长的过程，是总结经验的过程。导致孩子摔跤的原因很多，孩子每经历一次都会从中吸取经验，下次她遇到相同情况时就会尽量避免，而成人的过多干预则会干扰孩子的经验积累过程。

那次事情过后，我和妈妈进行了沟通，她也认同了我的观点，从那以后她就很少再用原来的方式来处理这种事了。

经历二：暑假在敦化，我带着安琪往家走。由于大面积修路，我们只能沿着店铺前很窄的路前进。当走到一个店铺前的台阶时，安琪踩空摔倒。开始时我想等她自己爬起来，可她却趴在台阶上哭得很伤心，我意识到她是摔得太疼了，于是马上过去把她拉起来，问她：

"你摔得很疼是吗？"

"嗯。"(带着哭腔。)

"哪里疼呢？"

她指指小腿。小腿上的一块皮被台阶蹭掉了，渗出了点血丝。

"哦，你的腿这里掉了一点儿皮，难怪会那么疼了。"

她有点儿担心地看看自己的腿，问我：

"爸爸，我的那块皮在哪里？"

"在你摔跤的那个台阶上啊。"

"我们去看看吧。"

"好啊！"于是我们一起在台阶上寻找那块皮。

"安琪，你看这块台阶没有衣服，你的皮正好给它当衣服了。"

安琪听了我这么说，马上笑着说：

"我的皮给台阶当衣服了吗？"

"是啊！所以，台阶现在有衣服了，它肯定很感谢你。"

"嗯，等我们回家妈妈看见我的腿这里，我就告诉她，我的皮掉了，给台阶当衣服穿去了。"

"嗯，妈妈听了一定会觉得很有意思的。"

就这样，她很快忘了疼痛这件事儿。回到奶奶家，她还把这件事当成笑话讲给了奶奶听。

经历三：今天是周六，要回学校体检，我把安琪也带去了。当我俩在学校操场上走路时，安琪被一个低矮的花基绊倒，整个人趴在地上。以往她会马上自己爬起来，可这次她脸上显出很痛苦的表情。我过去把她抱起来，看了看她的手臂，并没有发现有受伤的地方。可是她紧紧地搂住我的脖子不放手，身体直发颤。后来她自己发现了手臂上脱了挺大一块儿皮，并示意我看。原来她摔倒后手臂摩擦地面导致皮肤脱落，上面还有一些泥土。这是很痛的！我提议：

“我们去请医生把伤口清洗一下吧。”

“不要。”

“你看，伤口里有泥土，如果不及时清洗的话，等皮肤长好后可能会变成黑的。”

“那清洗了呢？”

“清洗会有点疼，但是清洗后，皮肤会慢慢长回原来那么好的。”

于是我抱着她去校医室，她没有再反抗。

在医生用双氧水清洗，并涂抹红药水的过程中，我有意用力抱紧小家伙给她支持。虽然很痛，但她没有哭，只是脸上表现出痛苦的表情。谢过医生，走出校医室，我再次和她开玩笑：

“安琪，你这次又给地面穿衣服了。”

“是啊，我又给地面穿衣服了。”

“不过不用担心，你很快就会长出新的皮肤。”

“医生帮我擦了红药水，新皮肤会和原来一样白吗？”

“是啊，你看爸爸学校的校医多好啊，她帮助了你，还夸你很懂事呢。”

“嗯。”

回来后，她见到谁都会把这件事说一遍，还特别强调是爸爸学校的医生帮她清洗了伤口，抹了红药水，她的新皮肤很快就会长得和原来一样白的。

安琪爸爸想说

1. 我们在劝人时常会说“在哪里摔倒，从哪里爬起来”。这句话的意思是让人在失败中吸取教训，总结经验，并用以指导以后的行动。那么当孩子摔倒了，我们也应对他们说句：孩子，请你爬起来！

2. 疼痛有时是个好东西，它会提醒人危险的存在，并警示我们避开危险。另外，疼痛还会让人记忆深刻，警示作用也最大，它会让人尽力避免再犯相同的错误。所以，不能将孩子所经历的痛苦都当成坏事。

3. 在孩子遇到挫折时，如果父母表现得淡定，并在精神上给予支持，会让孩子更有勇气去面对失败和疼痛。相反，如果父母在孩子遇到挫败时表现得很紧张、失望的话，孩子也会因此变得慌乱而无所适从。

☆一次不公平的跑步比赛

2012年9月26日　晚9点

要想教会一个三岁半的小孩子正确地认识和看待比赛，并不是一件容易的事儿，尤其是还要保护她的自尊心和自信心，光靠讲道理是很难办到的。在这点上，我还有很多东西要学，有很多努力要做。

吃过晚饭，我和老婆带着安琪出去散步，秋天的夜晚散起步来真的是很舒服，我们三个人有说有笑地玩了很久。在回奶奶家的路上，我和安琪展开了一场跑步比赛，看谁先跑到我们设定的目的地。结果，我跑在前面，先她一步到达。她看到自己落后了，很生气，上来推了我一把，然后气呼呼地走回去拉着妈妈往奶奶家走。

后来安琪妈妈建议再比一场，我也顺便更改比赛规则，她跑步，我快步走，看谁先到奶奶家楼下。结果这次安琪获胜。可是这次获胜并没有让她消气。我们也没有去理会她。等到上了楼，她坐到沙发上噘着小嘴继续生气。过了一会儿，我走到她身边对她说：

“刚刚比赛爸爸赢了你，你不太高兴是吗？”

她不吭声。我把她单独抱到阳台上继续和她聊。

“你看爸爸是大人，腿长，你是小孩儿，腿短。所以爸爸赢你是很正常的。而且我们这样比赛是不公平的。你说是吗？”

“嗯！”（这句话得到了她的认可。）

“后来，我们又比了一次，你跑步，爸爸快走，这样的比赛就公平了，结果这次你赢了比赛。说明你跑步还是很快的。”

她这次有了笑脸：

“爸爸的腿长，所以跑得快，我是小孩，我腿短，所以跑得慢。”

就这样，她又像没事人一样跑去玩了。

安琪爸爸想说

1. 比赛要尽全力，即使是在和孩子比赛时也一样，要让孩子体会到你很用心地在参与比赛。这是一种比赛的精神。千万不要为了让孩子高兴，而故意让着他们。

2. 在制定比赛规则时，最好事先把参赛者的能力考虑进去，这样会让比赛更具公平性，这一点很重要。

3. 很多小孩子输了比赛之后都会很生气，这时不要过急去哄他们，感受比赛失利本身也是比赛的一部分。这种小挫折对于孩子的成长来说是很宝贵的。

☆爸爸，它们会感谢我吗

2012年10月19日

在小孩子眼中，任何事物都是有生命的，平等的，值得尊重的。她可以和一个玩具游戏，也可以和一个石头对话。

昨晚在奶奶家吃完晚饭，我带安琪回家，走到楼下的时候，我打开信箱取信件，安琪跟在我后面。她看到有两个雪糕筒倒在地上，就说：

“这样做是不对的，我把它们扶起来。”她一边说，一边小心地扶起两个大大的雪糕筒。我对她的行为及时给予了肯定：

“你把它们扶起来了，它们会感谢你的。”

她听到我的话后，很有成就感地挺着胸脯跟我往家跑。

今晚我们又遇到了和昨天类似的事儿。当我们走到楼下时，那两个雪糕筒又一次躺在地上。

“哎哟，它们两个又倒在地上了。”

“我来把它们扶起来。”她再一次费力地扶起它们。

当她扶起第二个的时候问我：

“爸爸，它们会感谢我吗？”

“当然了！它们会非常感谢你的。”

在她扶起第二个雪糕筒的过程中，无意中把外面松动的包装拖了起来。这个动作把她逗得哈哈大笑：

"爸爸，你看我把它的帽子给摘下来了。多搞笑啊！"

这时，我则在一旁附和着她，也因此，这个无意的小动作让她回味了好一阵子。

安琪爸爸想说

1. 在这件小事中，我认为最难能可贵的是安琪在和雪糕筒的互动中，能够把雪糕筒看作是有生命的。她能够像对待朋友一样，平等地对待它们，爱护它们。这也是我一直以来在和她相处中想要传达给她的。

2. 我自己曾有意识地去感恩身边那些为我提供服务的各种事物，这样做真的让我自己产生了一些对生活的敬意。但是，这都是在我有意识这样做的情况下才会有这种效果出现，还远没有形成习惯。我希望通过努力，帮助自己和安琪培养出这种习惯。

3. 最近，我在安琪的身上渐渐地发现了很多自信、乐观、幽默的影子。甚慰！

☆超市里孩子难缠时应如何应对

2012年11月1日

在超市中，孩子提出要购买一些计划外的商品，父母感到为难时，我们如何应对才可以避免哭闹和争吵，同时又不影响亲子关系呢？

10月13日，一个没有讲座安排的周六，早晨我叫子傲爸爸把儿子送过来，我来帮他带一天。整个上午我带着三个孩子（在小区里还遇到另外一个女孩）玩了好多种随机创作出来的游戏，他们的高兴劲儿就别提了。

很快到了中午，安琪提出让我带他们去逛商场，同时，子傲也向我报告他的拖鞋鞋尖断了。于是我开车带着两个小家伙去了超市，我们先找到卖拖鞋的货架，很快找到了适合子傲、也是他喜欢穿的拖鞋。安琪看到我帮子傲买了双新拖鞋而她没有，心理明显不平衡，也开始挑选拖鞋。

她选中了两双拖鞋，一双是毛茸茸的，一双是带有美羊羊图案的。

“爸爸，你可以给我买这两双吗？”

“它们都太大了，你还穿不了。”

“不怕的，我可以穿的。”

“那你可以在这里穿着试试，但是不能买。”

“为什么？你都给子傲哥哥买了，为什么不能给我买呢？”

“今天是因为哥哥的拖鞋断了，所以必须买一双新拖鞋。家里已经有你好几双拖鞋了，所以现在不能再买了。”

“哦，那你可以等我脚大了，家里的鞋子穿不了了，再给我买这两双鞋子吗？”

“可以！”

“那好吧，那等我的脚长大以后，你要记得告诉我。”

“好的，等你脚长大了，我会提醒你的。”

“嗯，好的！”

“那你和哥哥在这里试试这两双鞋子吧，我先去付钱。”

等付完了钱，我们继续逛。当走到玩具摊位的时候，安琪又被一个医疗玩具组吸引住了。

“爸爸，你可以帮我买这个玩具吗？ 我好喜欢这个玩具啊。”

“你很喜欢它是吗？”

“是的。”

“那你可以和哥哥在这里摸一摸，玩一玩。”

“那你可以给我们买吗？”

“不可以，因为家里已经有几个和这个类似的玩具了。”

“可是家里没有这个（听诊器）啊！”

“嗯，家里是没有这个玩具，但是我们来之前并没有计划要买玩具的，所以我现在还是不想给你买。”

“哦，那好吧。”

于是我领着他们离开，准备下电梯。可是没走几步安琪又拉着我，要往回走。

“你还是很想买那个玩具是吗？”

“是的，我太喜欢它了。”

“那好吧，如果你真的是很喜欢它的话，你可以用自己的钱买。”

“爸爸，用你的钱给我买可以吗？”

“不行，你要是买那个玩具的话，只能用你自己的钱来买，而且你必须自己去付钱才行。我现在可以先借钱给你，回家后把钱再还给我。”

她想了一会儿说：“那好吧。”

于是两个小家伙拿着玩具和钱去柜台排队去了。

安琪爸爸想说

1. 很多家长和孩子逛超市都遇到过孩子的“执着”要求。有的是以哭闹相逼，有的则会像安琪这样和你讲很多看似合理的理由。他们都有着相同的目的——逼你就范。

2. 相对来说，哭闹的孩子处理起来会比较考验家长。如果因哭闹而满足了他们，那以后他们还会使用同样的方式来逼迫我们。久而久之，孩子会变得极其地以自我为中心，只要是他们想要的就可以不择手段地得到。但是，如果不给他们买的话，在那么多人面前，家长又怕丢面子，孩子也会感到父母不讲情面，不爱自己。

对于这时的孩子的心理，我们可以试着做出猜想，一般有两种可能：一种是大人不给我买，我很难过，要通过哭来表达；另一种是过往经历告诉我，只要我哭，家长扛不了多久，就会给我买，这次我也试试。

不管是哪种原因，我想都应该允许孩子表达他的情绪——他们可以哭，但不买的态度要坚决。可以试着这样和他们沟通：“我知道你很想买这个东西，不过我今天是肯定不会给你买的。如果你觉得哭可以让你感觉舒服一点的话，你可以哭一会儿，我会陪着你。”或者说：“看来你真的很喜欢这个东西，要不我们商量一下如何购买它吧。这个东西十元钱，我只能出三元，剩下七元你要自己出，你同意的话就可以购买。”

☆孩子，你更重要

2012年11月14日　下午

一天晚饭前，奶奶给安琪盛了一碗汤放在饭桌上。安琪坐下来喝汤，也许是因为汤太热，或者是不喜欢它的味道，她开始用勺子用力地在碗里搅动，导致汤碗倒了，汤从桌上淌到了地上，也淌到了她的衣服上。

奶奶看到后心里非常担心和着急，一边把她从椅子上抱下来，一边用带有责备的语气喊：

"哎呀！别烫到你啊！汤多烫啊，用勺子搅什么呢？"然后开始清理地上的汤汁。

受到责备的安琪情绪很低落，一个人跑去沙发上，把头埋在靠枕里。我轻轻地走过去，关心地问她：

"宝贝，烫疼了吗？"

她竟然把头转出来，给了我一个笑脸。我把她抱起来。

"看到汤洒到了你的身上，爸爸很担心你被烫到了。如果它把你烫疼了或者烫伤了的话，我们会非常心疼的。所以你要保护好自己，这样爸爸就不会担心了。知道了吗？"

"嗯！"

"我们帮忙把地上的汤汁清理一下吧。你去拿个抹布来。"

她顺从地去阳台拿来了抹布。我们一起用抹布和报纸把地面清理干净了。

安琪爸爸想说

1. 在出现类似的事件时，家长们心里都是会很担心孩子的，但是这种担心往往都是通过数落和责备传达给孩子。遭到指责和训斥的孩子常常会因情绪受影响吃不好饭，有的还会带着糟糕的情绪跑到房间里把自己关起来。指责和训斥的结果是，孩子除了心烦，什么都没有学到。

2. 要是利用得当，这些小错误就会变成非常好的亲子沟通情景和孩子成长的契机。首先，要用关切的语言问问孩子，是否伤到了。这么做会让孩子感到家长更关心他们，也会让孩子更爱惜自己，以后会努力保护自己，孩子对我们也会心怀感激。其次，要让孩子参与到收拾的过程中，一边收拾，一边指导孩子要注意的事项，这样做是为了教会孩子以后能够自己处理类似的情况。最后，如果可以，坐下来和孩子聊聊这件事。

3. 每个人都会犯错，犯错是不可避免的。为什么很多人犯了错误会选择逃避，而有的人在犯错之后总是想办法进行弥补？这是因为前者常常因为犯错而遭受指责，后者则常常在犯错后得到鼓励和指导。

☆安琪的数学启蒙

2012 年 11 月 16 日　上午

我参加工作六年多，一直任教小学一二年级的数学课。安琪快四岁了，我除了教过她“0”之外，还未曾有意地灌输一些数学知识给她。直到前天晚上，我开始了对她的数学启蒙。

前天晚上，我在床垫下面找东西的时候，安琪在一旁看到了我的两本一年级数学课本。她很兴奋地喊：“爸爸，等等！”然后伸手取出了这两本书。

“爸爸，今晚我们不念其他的书了，就读这两本书吧。”

“这是数学书诶，你很喜欢吗？”

“是啊。”

“那我们今晚就念它们吧。”

“它们不是念的，是要做的。”

“哦，那好吧，我们就做这两本吧。”

“好的。”

当晚，我们俩在床上，开始利用教材学起了 1、2、3、4、5。认识完之后，我们俩开始在房间里玩起了寻找 1、2、3、4、5 的游戏。

“爸爸，我找到了，有一个蚊帐，一只小熊，一个柜子。”

“柜子有两个门，有两只鞋子，开关上有两个孔。”

……

昨晚，安琪又拉着我和她“做”起了数学书。我们复习了1、2、3、4、5之后，又结合书中的图画进一步认识了“0”。

然后我们又一次利用这些知识玩游戏。

接下来，在生活中我要多创造一些机会让她利用这些知识，让她认识到书本里的知识是可以为我们的生活提供便利和帮助的。这样会让她对知识的获取更感兴趣。

安琪爸爸想说

1. 对于知识的传授我从来都不急着“填”给孩子，我认为孩子成熟到一定水平后接受会更容易，也会起到事半功倍的效果。过早“填鸭”不仅费时费力起不到效果，还容易让孩子因为乏味和辛苦而失去兴趣。

2. 在和安琪认识0～5这几个数的过程中，我由衷地体会到孩子的接受能力真的很强。尽管这样，我还是不敢一下子教她太多。昨晚她一再催我再讲一些，我却告诉她，每天只能学一点点，现在讲故事，睡觉。

3. 数学学习的兴趣需要在生活和游戏中培养，让孩子利用数学解决生活中的一些小问题，他们会在获得成就感的同时提升兴趣。

☆我们一家三口的小故事（一）

2012年12月5日 夜

今晚和一个好友通了电话，电话中他给了我很大的鼓励。他说看了我写的博文后对他启发很大，尽管他还没有当爸爸，但是能够通过读我的博文知道自己以后应该如何去当爸爸。

感谢他让我感受到我的博文的意义所在。

说说今晚发生的几件小事。

故事一：今天晚饭吃饺子，还有羊肉汤。和往常一样，奶奶在安琪喝汤吃饭的过程中对她有很多唠叨和指导："吃点肉，好香的！""捧着碗喝，喝得快。""别那么大口，小心噎到。"……

我告诉妈妈不要太关注安琪吃饭，她却不以为然。于是，我开始学她的做法指导她吃饺子："分两口吃，慢慢吃。""蘸点醋，好吃！""吃饭别笑。"……

老妈被我这样一指导搞得哈哈大笑。我想她一定也会感到很别扭吧。

安琪爸爸想说

对孩子过度关注是溺爱孩子的一种表现，孩子会时时刻刻感觉到有人在关注自己，感觉自己是焦点，慢慢地会很自我。另外，老人真的是最关注孩子的吃饭问题了，非常害怕孩子吃得少，吃不好，于是不断地催促，不断提醒孩子。结果导致孩子越催促吃得越慢，越让她吃青菜，她越不想吃。试想，如果我们自己每天吃饭时，旁边总有人提醒："先吃一口饭再吃青菜。""慢点吃，别噎到。""要吃些肉类，不然怎么长肉。""小心，烫，吹一吹。"你烦不烦？既然我们都感到烦，为什么还要这样对孩子呢？己所不欲，勿施于人啊！

故事二：我吃完晚饭，坐到沙发上，安琪和妈妈继续吃饭，这时安琪唱起了 do-re-mi 。于是我和她开始一起唱起了 do-re-mi-fa……

我还想到了，可以找《音乐之声》的视频看看。于是用手机搜到了这段 MV 给安琪看。这时安琪妈妈小声地对我说：

"你不是在分散她吃饭的注意力吗？"

我猛然从兴奋中醒过来，马上承认错误：

"哦，我错了。安琪，等你吃完饭我再给你看。"

反思：自己一直提醒别人不要随便打断孩子的注意力，现在我自己竟然犯这个错误。不过，让我高兴的是，老婆在教育孩子方面越来越专业了。

故事三：吃完了晚饭，在奶奶家看了两段《音乐之声》的 MV 后，我们仨一起回家。一路上我们跑跑跳跳，安琪被我逗得哈哈大笑。到了我们家楼下，我提议，我们走一圈，看谁先找到猫。安琪故作神秘地叫妈妈也加入找猫的行动中来。我们走着走着，我拉住老婆的手 show 给安琪看，安琪在我们的手下钻来钻去，我们又疯了一阵子，不知道我们肆无忌惮地大笑是否扰民了。

安琪爸爸想说

1. 我们每天大部分的时间都是在工作中度过的，和孩子相处的时间真的很有限，如何把这段宝贵的时间利用得充分、高效，真的是考验着父母们。我想最好的办法就是放下身段，把自己变回孩子，好玩的游戏就会随时蹦出来。

2. 一个家庭当中，爸爸、妈妈和孩子三者之间的关系，最先要维系的是夫妻关系。牢固的夫妻关系会让孩子感到家庭的温馨，更容易建立安全感。我们经常会在安琪面前拉手、拥抱。不过，要想亲老婆必须向安琪提出申请："安琪，我可以亲一下妈妈吗？""可以，亲吧。"安琪最喜欢的是，我同时把她们两个抱起来。每次她都会哈哈笑个不停。

故事四：上楼，我把钥匙交给安琪，让她开门。她拿着钥匙鼓捣了好半天，终于学会了开门。进了屋，安琪拿起了一本数学书，让我给她讲。

"爸爸，你教我吧。"

"我今天不想教你数学了。"

"不嘛，你给我讲嘛。"

"你那么喜欢学数学吗？"

"是啊！"

"那你为什么喜欢它呢？"

"因为学了知识，我就知道什么是什么了啊！"（可见，孩子对知识都是充满着无限的渴求的。）

"哦，那好吧。"

安琪爸爸想说

我给安琪教数学都是以启发、提问为主，然后把学来的知识用到实际或者游戏中。我会注意把握尺度，每次都是讲一点就停，而不会一次“喂饱”她，让她永远处在对知识的渴求状态之中。包括读书也一样，我告诉她每晚睡觉前只能读两本，她就会用心地选书——她会先拿来几本，自己先翻一遍，然后选出两本让我读。

故事五：睡觉的时间到了，安琪突然想起她的孩子——小熊公仔，于是跑出去找。结果，在找到小熊之后，她又在玩具篓里翻出了六只小公仔，一边往外拿一边说：“这个是我的小兔妹妹，这个是我的袋鼠宝贝……我今晚要搂着它们睡觉。”

妈妈着急了：“我们的床可搁不下这么多娃娃。”

我赶忙解围：“你要是自己睡就可以搂着它们了。”

“好的，我今晚自己睡。”

于是我帮她把这些宝贝都抱到了客房的床上。

“我来给他们安排位置。”于是，每个宝贝都在安琪的枕头两侧找到了自己的位置。“一，二，三，四，五，六，七。”

真的决定要一个人睡后她还是有点不安。

“爸爸，晚上会有陌生人走进来吗？”

“不会的，我们家的门和窗都锁好了，不会进来人的。而且爸爸妈妈在，会保护你的。”

“哦！”

就这样，她就自己一个人睡了。不，是八个“人”一起睡了。

安琪爸爸想说

1. 如果政策允许的话，我是很想多生几个孩子的。

2. 我曾提到，我一直在尝试引导安琪以平等的心态对待无生命的事物，很高兴她对她的布娃娃们就是以这样的方式对待的。她很用心地照顾着她的这些“孩子”。当我听到她对躺在沙发上的布娃娃说“天冷了，要多盖个被子哦”的时候，总会被她感动。

3. 曾经很多次鼓励她一个人睡，她都不肯。今天竟然如此顺利，看来她的这些宝贝真的给她壮了胆，安了心。宝贝晚安！爸爸爱你！

☆我们一家三口的小故事（二）

2012年12月6日

每晚，女儿睡下后，就是属于我自己的时间了。一个人坐在书房，以十分平和的心境阅读或者敲些文字，很享受。

记录今晚发生的两个小故事。

故事一：饭桌上，我问了那句每天都会问的问题：

"安琪，和我们讲一讲，今天在幼儿园发生了什么好玩的事情呗？"

"没门儿！我才不告诉你们呢，这可是我的秘密。"（这可真是一反常态，尤其是那句"没门儿"，不知道哪听来的。）

"啊？没门儿啊？"

这时奶奶接过话：

"安琪，你今天不是和我说你有七个弟弟妹妹吗？"

"是啊！"

"那你和爸爸妈妈说说吧。"

"好啊！我告诉你们哪！妈妈给我生了七个弟弟妹妹。叶小萍的妈妈才生了三个。你看我的多多！"

"是啊！你有七个兄弟姐妹哪，昨天晚上他们还和你一起在床上睡觉了呢，是吗？"

"对啊！你看我有七个弟弟妹妹，我多幸福啊。叶小萍才有三个，多不幸福啊。"

“叶小萍也很幸福的。”

“嗯，我很幸福，叶小萍也很幸福。”

安琪爸爸想说

1. 安琪没有兄弟姐妹，看到叶小萍家里有三个孩子很羡慕，于是用自己的娃娃们来武装自己和小萍比幸福。我也就将错就错，但也可能不算是错，因为在安琪心里，这些公仔娃娃们就是她的兄弟姐妹。

2. 安琪一直都希望有个弟弟或妹妹，经常会催妈妈再生一个。

故事二：回家的路上我答应安琪出了奶奶家小区我就抱她一段路，当我抱起她时，手里的电脑包就显得特别重，想让走在前面的老婆帮我提一下。安琪知道我的意图之后帮我叫起了妈妈：

“哎！ 你帮我爹提一下电脑包。”

妈妈听了之后，很生气地说：“我不是‘哎’！”

安琪马上改口：“妈妈，请你帮我爹拿一下电脑包。”

妈妈没有原谅她的意思，继续往前走。我见到教育的良机来了，开始和安琪讨论起来：

“妈妈怎么不太高兴呢？”

“因为我叫她‘哎’了。”

“这样叫人很不礼貌，让人听了很不舒服，所以妈妈才不高兴的，是吗？”

“是的。”

“所以，如果我们想让妈妈帮忙的话，不能叫‘哎’。那应该怎么说呢？”

“应该叫‘妈妈’。”

“如果你想让我帮忙呢？”

“那就叫‘爸爸’。”

“妈妈有的时候叫爸爸做事情时也会说‘哎’，这样对不对？”

“不对的。”

“那她应该怎么说呢？”

“她应该叫你‘老公’。”

“那我怎么叫妈妈呢？”

“你要叫她‘老婆’。”

“嗯，好的，那如果以后妈妈再叫我‘哎’的时候，你要提醒她哦。”

“好的。”

事后，我和老婆也讨论了这件事，反思了我们生活中曾给孩子做的错误示范，并协商了以后如何改变。

安琪爸爸想说

1. 孩子的很多言行表现都可以从父母身上寻找到根源。父母的言行举止都是孩子模仿的对象。因此，当我们发现孩子表现出行为不端的时候，首先要做的不是批评、纠正孩子，而是应该反思我们自己的言行是否端正。

2. 当发现问题之后，父母若能够积极地进行沟通，彼此之间开诚布公地说出各自的看法，那样才能够达成教育观念上的统一，继而体现出教育行为上的一致。

☆孩子的爱，要微笑着接纳

2012年12月9日　下午

当孩子提出要帮助大人做事时，请微笑着接受吧，可千万不要害怕她做不好而回绝她的热情或是嘲讽她的能力。否则我们会错失促进孩子成长的良好时机。

周六上午安琪妈妈要加班，家里只剩下我和安琪。我们俩吃了早餐后，一起收拾了茶几中间杂乱摆放着的物品。接着，我找出清洁膏打算擦拭我的白色旅游鞋。安琪被我的举动吸引住了，很用心地观察我是如何擦鞋子的。

过了一会儿，她提议道：

"爸爸，我帮你擦吧。"

"你会擦吗？"

"会啊！"

"那好啊，你擦吧，我去洗鞋带。"

接着她开始很用心地帮我擦鞋子。等我洗完了鞋带、鞋垫，回来的时候，她还在那里忙活着。于是我坐在沙发上看着她擦。这时她开口了：

"爸爸，擦鞋子好累啊，都累死我了。"

"很累是吧，那等你不想擦的时候就让我擦吧。"

"我累了也不让你擦，我不想让爸爸累，那样会累死爸爸的。"

"你说什么？"

"我说我不想让爸爸累啊。"

“哦，你很怕爸爸累倒是吗？”

“是啊！”

安琪爸爸想说

1. 做家务活是锻炼孩子、培养孩子的绝佳途径。孩子通过做家务可以增加做事的技能，继而增强自信；孩子通过做家务可以体会到为家庭的付出，继而增长责任感；孩子通过做家务可以感受到父母的辛劳，继而生长感恩之心。

2. 一些父母在孩子提出要帮助做事情的时候，会觉得孩子是想“玩”而拒绝；也有的会担心孩子做不好，反而会帮倒忙，于是打击孩子：“你做不了的，玩去吧！”这时的孩子会有怎样的感受呢？失望，失落，被否定，可能都会有。

知道为什么现在很多孩子不知道感恩吗？这是因为父母很少给孩子机会感恩，在孩子面前，父母永远扮演强者，永远都是爱的施予者，好像从来都不需要孩子的爱。请问，我们不给孩子学习、练习爱我们的机会，孩子怎么知道如何爱我们？又何提感恩？

所以，有时我们也要在孩子面前示弱，告诉孩子我们也会累，也会困，也会心情不好，好吃的东西我们也爱吃，我们有时也需要他们的帮助，需要他们的爱。

3. 当小孩子可以通过自己的能力帮助大人做事的时候，他会获得强烈的成就感和满足感，所以多给孩子一些可以帮助我们的机会吧。

☆三四岁的孩子说脏话，不可怕

2012年12月10日 晴

上个月的某一天，安琪突然开始爆粗口："笨蛋！ 小气鬼！"我们的第一反应是，这孩子从哪里学来的这些不文明的话？ 于是我们开始告诉她这样是多么不文明，多么不好听，叫她以后不要说。 可是没想到，她的粗口不但没有减少，反而变得更加频繁。 有时还会和我们为这事发生争吵。

"哼！ 笨蛋。"

"我才不是笨蛋呢。"

"你就是笨蛋，不是也是。"

"请你不要再这样说我。"

"哼，小气鬼！"

几次过招之后，我开始反思我们的处理方式。 孩子为什么会说这句话？她对笨蛋一词是如何理解的？ 她说粗话和我们成人说粗话有何不同？ 等等。 我开始有了新发现——孩子是不是在故意使用这些话语激怒我们，从而感受语言的力量？ 同时我也在网上找寻答案，很多建议也是说不要太把孩子的粗话当回事。

我把这些知识打印出来，拿回家和家人一起学习，并统一了应对方式：以后安琪再说粗话时，我们首先不要当真，然后只对她说一句话"我不喜欢你这样说我"。 这招真的很灵，从那以后安琪说粗口的次数在慢慢减少，现在只是偶尔能听到她再说这些话了。

安琪爸爸想说

1. 安琪在不断地尝试使用这些语句（“你这个笨蛋。”“你就是个小气鬼。”）的过程中感受语言的力量，从这个角度讲，这是好事。每次她这样说我，我会告诉她我不喜欢她这样说我。我希望她在感受语言的力量的同时也能顾及别人的感受。

2. 孩子从学校、家庭、从周围的环境中很容易接触到一些粗话。他们拿来一使用，发现会让成人有那么大的反应，于是他们体会到了语言的力量。如果我们不断地“发作”，就相当于在强化孩子这种行为。

3. 很多时候，小孩子做出的只是“与其年龄相称”的行为，而不是不良行为。许多父母对人类行为以及儿童发展了解得不够，就把与孩子年龄相称的行为当成了不良行为。

☆相信孩子自身的动力

2012年12月13日　中午

安琪很小的时候，我们就和她做了约定：吃饭前不能吃零食，吃完饭才可以吃。她很少破坏规矩。

前天晚上安琪吃晚饭，吃到最后一口时，问我：

"爸爸，我吃完饭，每种零食都可以吃一点吗？"

"你嗓子疼吗？"

"不疼啊，我的嗓子都很久不疼了。"

"是吗？这么好啊！那你是怎么保护嗓子的，可以这么久都不疼。"

"嗯……天气冷时要多穿些衣服，这样就不会感冒了。"

"对呀，如果感冒了，嗓子会不舒服。还有吗？"

"每天不能吃太多饼干，不然会上火的。"

"嗯，你每天都只吃一点点饼干和糖果，所以没有上火。还有吗？"

"老师告诉我们现在天气冷了，接水时要接热水喝。"

"老师的意思是接温水喝，是吗？"

"是的啊！"

"哇，原来你有这么多保护嗓子的办法啊，难怪你的嗓子很久都不疼了。"

"对啊！"（很得意的样子。）

"那等你吃完饭，每种零食都可以吃一点。"

"好的。"

安琪爸爸想说

要相信孩子自身的力量。相比我们成人不厌其烦地提醒，孩子对自己经验的总结更容易内化和执行。

☆"和善而坚定"的力量

2012年12月21日　晴

最近，在阅读的过程中，"和善"与"坚定"两个词给我留下的印象最为深刻。"和善"的重要性在于表达我们对孩子的尊重；"坚定"的重要性，则在于尊重我们自己，尊重情形的需要。

我认为在和孩子沟通过程中父母要注意两点：语气要和善，态度要坚决。昨晚我和老婆在处理一场安琪引起的风波的过程中，正是因为遵守了这一原则，才得以十分顺利地、较好地解决了问题。

昨晚晚饭后，安琪提出要留在奶奶家睡，态度还挺坚决，我们同意了她的请求。可是在我们回家后不久，就响起了敲门声。原来，在奶奶帮她放洗澡水的时候，她开始哭闹，吵着要回家睡，奶奶没办法只好把她送回来。见她回来了，我们很高兴地欢迎她回来。没想到这个小丫头过了一会儿又说："我好像还是比较想去奶奶家睡。"

我想和她单独谈谈，于是把她抱到卧室里。她很反抗地提出不要和我谈话。等我们再走到客厅时，发现奶奶已经回家了。安琪见到奶奶走了，就开始拼命地哭喊，哭声十分凄惨，一边哭一边向我提出要求：

"爸爸，送我走，去奶奶家。"

"我知道你很想去奶奶家，但是你回来了，我就不能再送你回去了。"

"不行，我要去奶奶家。"

"我不会送你去的。"

……

见到和我说没有用，于是她转去向妈妈求助：

“妈妈，你送我去。”

“安琪呀，妈妈和你说，奶奶已经把你送回来了，就不能再去了。”

“我就是要去奶奶家，我喜欢在奶奶家睡。爸爸都答应我今天可以在奶奶家睡了。”

“爸爸是答应你了，我们也让你在奶奶家睡了啊，现在是你自己提出回来的。”

“可是你答应了我可以在奶奶家睡了，你现在要送我去奶奶家。”

“安琪，你还记得之前有一次你提出要去奶奶家睡，我送你去的时候告诉过你那是最后一次送你去奶奶家，以后再也不会送的，你还记得吗？”

“嗯。”

“所以，爸爸要告诉你，今天晚上，爸爸和妈妈肯定是不会送你去奶奶家的。如果你觉得哭可以让你舒服点的话，你可以哭一会儿。”

“那你今天再送我最后一次吧，我到了奶奶家肯定不会再让奶奶送我回来的。”

“不行，我会说到做到的，今天不会再送你去的。”

她见真的没有希望了，就渐渐停止了哭声，一个人在沙发上生闷气。

“你要看一会儿《巧虎》吗？”

“不要。”

“那我们看一会儿书？”

“不看书，我什么都不做，也不睡觉。”

“那好吧。”

我随手拿了一本书，开始读，读着读着安琪就被吸引住了。过了一会儿她还和我讨论起来。读完一本书后我又建议她：

“要看一会儿《巧虎》吗？”

“看！”

“看几集呢？”

“两集。”

“那看完两集就去睡觉。”

“好的。”

就这样，她看了两集后，情绪好转了许多，很顺从地上床睡觉了。在睡觉前，小家伙还躺在被窝里给我们唱了好几首歌。

现在回想起当晚安琪哭闹的情景都觉得挺惨烈的。我也很庆幸我们能从始至终都以和善的话语和语气同她沟通，而没有批评她。在表达和善的同时，我们也将我们的立场和态度表达得很坚决。这样做使得安琪能够看得清她面对的形势——她无论怎样哭闹都改变不了爸爸妈妈的决定。于是她改变解决难题的策略，改用和我们摆道理、讲条件。最后发现还是自己理亏，也就不再钻牛角尖了。

安琪爸爸想说

1. 我是在阅读之后，将学到的知识应用到实践中去，而安琪妈妈并没有读这本书，却能够用和善而坚定的态度对待情绪激动的安琪，她要高我一筹。

2. 在遇到不讲道理、发脾气的孩子时，有的父母会因为心疼孩子，而无奈地选择答应孩子的无理要求，也有的父母会以训斥和打骂的方式逼迫孩子停止哭泣。前者的做法会让孩子形成不良认知，让他们以为只要为了达到自己的目的就可以不顾别人的感受，只要她哭闹，父母终究会妥协；后者的做法是以暴制暴，父母用自己的无礼来对付无礼的孩子，这种解决问题的方式，往往会在表面上将问题解决（孩子会停止哭泣），但却会对孩子的心理造成长久的不良影响。

3. 在父母和孩子的互动中，情绪扮演着很重要的角色。很多时候，处理情绪要比解决问题本身更重要。往往是情绪解决了，问题也就不再是问题了。父母的情绪管理能力对孩子的情商发展影响巨大。

出现问题时，千万记住要“和善而坚定”地去应对。

☆生气的感觉是这样的

2012年12月23日　晚

昨天下午安琪和妈妈吵架了，吵得还挺认真，挺激烈的。等两人都消了气之后，我和安琪聊了聊这件事。

对话一：

"安琪，你刚刚和妈妈吵架，很生气是吗？"

"是的。"

"现在好了吗，还生气吗？"

"好了，不生气了。"

"那生气是一种什么样的感觉呢？"

"生气是一种很难受的感觉。"

"哦，生气还是一种什么样的感觉呢？"

"还是一种不开心的感觉。"

"看来生气的感觉很不好。"

"是的。"

"那我们会一直生气下去吗？"

"不会的，一会儿就会好的。"

"哦，原来生气会让人感觉难受、不开心。不过我们不会一直生气下去，过一会儿就会好了，是吗？"

"嗯！"

“那你和妈妈两人，谁先结束生气的呢？”

“是妈妈。”（其实是安琪先结束生气的，在这方面我们成人往往比不上孩子，包括我自己。）

“哦，那看来妈妈更有办法让自己从生气中好起来。你还要向她学习哦。”

“嗯！”

对话二：

“安琪，刚刚啊，我看到了一个很好玩的事情，一个三岁的小朋友和一个30岁的大人吵架。”

“什么？你再说一遍。”

“我说，我刚刚看到了一个三岁的小朋友和一个30岁的大人吵架。”

“哦，妈妈，我告诉你啊，爸爸刚刚看到了一个三岁的小朋友和一个30岁的大人吵架。你说搞笑不搞笑？”

她完全没有意识到我是在说她，她的这句话把我和她妈妈逗得笑弯了腰。

“安琪，那你猜一猜，她们俩谁赢了呢？”

“肯定是小朋友赢了呗！”

“为什么呢？”

“因为30岁的大人都老了，没力气了。所以肯定是三岁的小朋友赢了。”

“哦，原来是这样啊。”

“对啊！”

对话三：

"安琪，你还记得刚刚和妈妈为什么吵架吗？"

"不记得了。"

"啊，连为什么吵架都忘记了，还吵什么架呢？"

"哈！"

安琪爸爸想说

1. 孩子的思维和成人的思维有很大差异，他们所表达的都是当下的想法。例如，安琪和我经常有这样的对话：

"我最不爱的就是爸爸了，他最不好了。"

"你不爱我，我也会爱你！"

"你爱我，我也不爱你。哼！"

可是过不了多一会儿，她就又会说："我最喜欢的就是爸爸了，爸爸给我好吃的，是我的好爸爸，不给我好吃的，他还是我的好爸爸。"

所以，我们在理解孩子说的气话时，要在她的话前面加上一句"我现在觉得……"一旦我们这样想了，就不会因为孩子说了气话我们也跟着说气话。

假如像这样：

"我最不喜欢爸爸了。"

"哼，你不喜欢我，我也最不喜欢你了。"那就会很糟糕，这种对话对孩子的伤害很大，他们会把大人的这句话当真的。

2. 喜、怒、哀、惧是人的基本情绪，每种情绪都有其积极的一面和消极的一面。引导孩子认识它们，对孩子情商的提升很有帮助。

通过这次的沟通，安琪知道生气时会难受是很正常的事情，但生气不会一直持续下去，是可以想办法让自己快些好起来的。这就会促使她以后正确地面对生气，并会积极地思考和总结应对生气的办法。

☆左边看看，右边看看

2012年12月28日　中午

从安琪会走路，能听话开始，我们每天带安琪散步，走到小区里的路口时，我都会用比较夸张的动作演示给她看："过马路，要左边看看，右边看看。"慢慢地，她也开始和我一起做。

随着她慢慢地长大，她也养成了过马路时左右看看的习惯，但偶尔兴奋时也会忘记。有一天晚上我带她出去走，她很高兴，跑出了小区门，直奔到了路上。我见了之后，用很夸张的表情对她说：

"哇，你这么快跑出来，要是刚好有车过来，那会怎样呢？"

她也学我张大嘴巴："那就会被撞倒了。"

"是啊！如果那样的话可就惨了。爸爸会很心疼的。下次到了路口可别跑那么快了。"

"嗯，我会停下来，左边看看，右边看看，没有车了我再走。"

"这样就安全了，是吗？"

"是啊。"

现在安琪三岁多了，有时我过路口看路的动作不够明显时，她会很及时地提醒我：

"爸爸，你刚才没有左边看看，右边看看。"

"为什么要左边看看，右边看看啊？"

"因为，你不左边看看，右边看看，会很危险的。要是有车来了，会把你撞倒的。那样我就没有爸爸了。”

“哦，那我下次要记得左边看看，右边看看，谢谢你提醒我。”

安琪爸爸想说

1. 孩子的习惯是慢慢养成的。很多家长不懂这个道理，很心急，希望自己提醒一遍后孩子就要记住，然后照做。这有时管用，但大多数时候不管用。

2. 讲道理时，表达出你对孩子的爱，孩子会更容易接受。

今天中午同事向我讲了件事：昨晚她花了50分钟时间给四岁多的女儿熬了药，结果女儿因为药很苦，不想喝。她一改往常的劝导，对女儿说：

“这是妈妈花了近一个小时才熬成的药，这碗里面装的都是妈妈对你的爱。”

女儿问道：“这里面都是妈妈的爱吗？”

“是的！”

女儿端起碗，一口气把药喝光了。

3. 当孩子向我们提出建议时，要学会虚心接受。我们的这种示范很重要，孩子见到成人能尊重他们的意见，他们长大后也会学着去尊重比自己弱小的人。

只有当孩子感觉自己好时，她才会变得更好

2013年1月6日　阴

鲁道夫·德雷克斯曾反复强调：“一个行为不端的孩子是失去自信的孩子。”

周五是节后上班的第一天，晚上回到家，安琪情绪非常低落，对我和她妈妈表现出了强烈的抗拒，整个晚饭过程不断制造问题。为此，我们感到有些厌烦，时而会说些批评她的话语。吃过晚饭，我单独带她到房间里聊了一阵子，效果也不好。

对于她突然表现出来的抗拒行为，我感到十分懊恼。不禁自问：难道我之前所做的努力都是无用的？为此，尽管周六在学校上了六节数学课，人很累，我还是利用课余时间思考了一下问题的起因和应对的策略。

在元旦放假期间，大学同学带着女儿来中山，一岁半的小妹妹和安琪玩的过程中，出现了一些“抓扯”行为，还有就是玩过的玩具没有放好（这对于一岁半的孩子来说是正常行为，安琪却不能理解），这导致安琪对妹妹很有意见。于是在乘车去乡镇的路上，安琪拒绝和妹妹坐在一起，并不断唠叨不喜欢妹妹，表示永远都不会原谅妹妹，不让妹妹再来我家。开始我还能忍受，并给予一些友好的回应，最后被她的不绝的唠叨搞烦之后，就当着妹妹的面严厉地批评了她，她才停止。（对此，我也感觉到自己当时没有处理

好，如果我在回应过程中对她多些理解和同情的话，效果可能会好些。）结果当天下午回家，安琪就提出想奶奶了，要去奶奶家。

这次批评对她的自信构成了打击，导致她表现出诸多反常的行为。我想到的应对策略是不和她迎面碰撞，而是帮她重新找回自信。

周六（昨晚）回家，安琪对我和她妈妈的抗拒依然无减，吃饭的过程中还提出不要挨着我们坐。当我不知从何入手时，奶奶的一句话帮我拉开了序幕：

“今天安琪在幼儿园当组长了。”

“是吗？老师选你做小组组长了啊？”

“不是组长，是队长。”

“哦，是队长啊！看来老师很信任你哦。那你知道老师为什么要选你做队长吗？”

“不知道。”

“我知道，老师选你做队长，第一个原因是因为你上课坐得直，听得认真，可以给别的小朋友做榜样，他们要向你学习。第二个原因是，你有时帮老师分饭，同学需要帮助时，你还能够帮助同学。老师觉得你可以做她的小助手，所以选你做队长。”

“是的！”

“那你做了队长，可要努力做好哦，这样同学们才能向你学习啊。”

“好的！”

经过了这段对话之后，安琪和我们的对立情绪开始缓解，吃饭也认真了很多。于是我们开始不断地指出她做得好的地方：

“你今天吃饭没有到处走，一直好好地坐着吃饭，真好！”

“你今天吃了鱼、肉和青菜。明天你可以和同学们说：‘我在家里青菜、肉类都吃，这样身体才健康。’这样同学们就会向你学习了。”

“你把饭吃得一粒都不剩，一点儿都不浪费！”

“这个小女孩吃完饭就帮助大人收拾碗筷，这么懂事的小女孩是谁啊？哦，是安琪啊！”

……

小丫头被我们夸了一阵子之后，心情大好。要爸爸、妈妈、奶奶一起带她出去散步。在小区里，我和她疯玩了好一阵，逗得她哈哈笑个不停。她又开始和我们搂搂抱抱、亲亲热热起来。看来问题顺利地解决了。

反思：面对安琪同样的情绪和反常的行为。我的两种处理方式得到了截然不同的效果。能够想到合理的解决办法，全都得益于最近品读的书给予我的指导，帮助我找到了恰当的应对方法。

周五的方法失败在于：过多的说教，导致亲子间产生隔阂，关系变得疏远。我们总是以为“要想让孩子变得更好，首先要让他们感觉更糟”，我们很少反思，这样做会让事情变得更糟。

周六的做法成功在于：让孩子感觉自己好，他们才会变得更好。

安琪爸爸想说

1. 一个行为不端的孩子是失去自信的孩子。我们的很多行为都是在寻找归属感和价值感，孩子也一样。

2. 不要因为孩子偶尔的行为不端而自我否定，孩子成长的路上，总会出现情绪、行为反复的状况。我们需要的是思考应对的办法，一味地自责和责备对事情的解决毫无意义。

3. 要想让孩子变得更好，首先要让他们感觉自己很好。

☆爸爸，我会和奶奶一起死吗

2013年1月7日　阴

许多孩子在对死亡开始有意识的时候都会表现出焦虑情绪，他们可能会担心和自己最亲近的人哪一天会突然离自己而去。三岁多的安琪同样遇到了这样的困惑。

晚上睡觉前，安琪和我聊了几句关于死亡的话题。

"爸爸，我会和奶奶一起死吗？"

"不会的。"

"那奶奶会比我先死吗？"

"是的，你还很小，奶奶老了，会先死。"

"那奶奶很快就会死吗？"

"奶奶也要很多年以后，很老很老才会死。"

"那我什么时候会死呢？"

"你要等更久，更久，更久之后才会死。"

"叶小萍的奶奶很老了，她很快就死了吗？"

"她也要等很多年后才会死，像祖祖（奶奶的妈妈）那么老了，也还要等很多年才会死呢。"

"哦！"

聊完之后，她终于放心了，就不再聊这个话题了，转而让我给她讲故事。

“爸爸你要是讲短故事，就讲三个；要是讲长故事，就讲一个。好吗？”

“可以。”

“那我选哪个呢？”

“一个长故事吧。”

“不要，我选三个。”

“你要听什么故事呢？讲一个肚皮的故事吧。”我用手摸她的肚子。

“好，那就讲一个肚皮和小白兔、小狐狸的故事。”

“好的……”

安琪爸爸想说

1. 安琪问了这句“我会和奶奶一起死吗”，心里一定对死充满了疑惑和担心。她开始思考这个问题了，是一件好事。我也很庆幸，我的回答让她的心安定下来。

2. 我想对孩子提出的任何棘手的问题，包括性的问题，都不要回避。把正确的信息，用孩子能听懂的话语告诉她就好。切记，千万不要欺骗或隐瞒，否则，虽然可以解一时之围，却会给孩子心里埋下长久的怀疑和困惑。

☆用小礼物传达我们对孩子的爱

2013年1月8日　早晨

和西方的父母相比，中国的父母不太在意如何向孩子传递爱意。西方的父母除了用语言表达对孩子的爱，还常常用送礼物的方式来传递自己对孩子的关心和浓浓爱意。虽然中国的父母有时也会送孩子礼物，但是数量和频率要比西方少得多。不过，很多中国父母在给礼物方面却比西方父母大方得多，他们忙碌拼搏着，一直在准备给长大后的孩子一份大礼物——一栋房子。

礼物可以传情，父母要善加利用。

昨晚晚饭前，我很神秘地告诉安琪：

"安琪，爸爸今天给你带了礼物回来。"

"真的？你真的给我带礼物回来了吗？"

"当然是真的啊！"

"在哪里呢？"

"在爸爸的车里。"

"你可以给我拿来奶奶家吗？"

"不可以，要和我们回家才能拿到。"

"那好吧。"

然后她跑去告诉奶奶："奶奶，我今晚不能在你家睡了，我爸爸给我带回了礼物，我要回家去看看是什么礼物。"

这样的场景在我们和安琪间经常会出现，我们隔一段时间就会带个小礼物作为小惊喜送给她。这些礼物有时是书，有时是糖果、饼干，有时是个小玩具。虽然都是些小东西，但她每次都会高兴得不得了。

送孩子礼物有一些事项要注意：

1. 送给孩子礼物的过程利用得好，可以帮助孩子学会等待和耐心，心理学叫延迟满足。所以不要直接把礼物交给孩子，这样做会少了几分神秘感。可以告诉孩子我们给她（他）们准备了礼物，但是礼物是什么却不告诉他们，要想拿到礼物要等上一段时间。这也是为什么“圣诞老人送的礼物”对孩子来说是那么的有吸引力。

2. 礼物的选择宜“小”不宜“大”，重点在于投孩子所好，有利于孩子成长和发展。之所以不要太“大”，是因为如果我们送的礼物过大、过于贵重，会提高孩子对礼物的“感受阈限”或者称“兴奋度”，以后再送小礼物，孩子就不喜欢了。

3. 有时可以把生活必需品当成礼物送给孩子。其实我们生活中会提供给孩子很多生活必需品（包括衣食住行），我们总是理所当然地提供给孩子，没有想到它们也可以作为礼物。其实只要增加一点神秘感，这些生活中的小东西也会变成惹孩子喜爱的小礼物。而且这样做还会让孩子更加留意生活中成人对他们的爱。

4. 不要把礼物和“任务”捆绑式销售。有些家长为了让孩子听话，让孩子认真学习，于是把礼物当成“诱饵”引诱孩子。这种做法，开始几次孩子会配合完成，次数多了，孩子就会厌烦。我曾听到孩子说：“我最怕我妈妈说给我礼物了，因为每次说完礼物后就会给我一个目标去实现。”

5. 礼物好，但不要贪多哦！控制好送礼物的频率很重要。

安琪爸爸想说

1. 回想一下，你上次收到礼物时的情景，对方送礼物的技巧如何，你感觉怎样？用心的礼物加上一点儿小技巧会让人心里暖暖的，对送礼物的人也会心存感激，觉得对方在乎自己。

2. 孩子对于父母是否一直关爱自己心存疑虑，他们经常会用自己的方式去试探。时而送点小礼物给孩子，帮助他们确认自己被父母关心着，可以让他们不安的心变得平静。

3. 好礼物是贵在用心的分量，而不在用钱的多少。

☆女儿给我最纯真的感动

2013年1月9日 下午

每天晚上六点半，是我们全家六口人围在一起吃晚饭的时间。每天的这段时光都充满了温馨和感动。我觉得饭桌是和孩子沟通情感的最佳场所。

昨天回去给她带了个电动小车，她喜欢得不得了。

饭桌上奶奶对她说：

“你看昨天你吃晚饭很认真，爸爸今天送给你一辆小车，今天也要认真吃饭。”

安琪马上要证实：

“爸爸，你是因为我昨天晚上吃饭认真才给我买小汽车的吗？”

“不是。”

“那是因为你爱我吗？”

“是的，我送给你小车，就是因为我爱你！”

听到这个答复，她很满意，很骄傲地对奶奶说：

“爸爸是因为爱我，所以送我礼物。”

过了一会儿，安琪转过身咳嗽了一声，然后对我们说：

“咳嗽要转过身去，不能对着别人咳嗽。因为我的嘴巴里有细菌，要是对着别人咳嗽会把细菌咳到小朋友的碗里，他们会生病的。”

奶奶马上感叹：“还是上幼儿园好，什么都明白。”

安琪马上纠正：“不是因为上幼儿园，是我自己想的。”

安琪爸爸想说

我感动于她能够感受到被我藏在礼物中的爱，更感动于她能够用心去关爱她身边的人。

☆给流浪猫盖间房

2013年1月10日　午夜

小区里有很多只流浪猫，安琪一岁多的时候很喜欢这些小猫。有一次在小树丛里发现了一只小猫，她想去用手摸一摸它，结果被小猫的爪子抓了一下。尽管有了这次经历，小家伙依然喜欢它们，只是不会再走得那么近。

元旦期间我带她去和子傲哥哥玩，有个爷爷带着一只13岁高龄的老白猫出来遛弯。白猫走到我们身边，我伸手去摸它身上的毛。安琪小心地问我：

"爸爸，它会挠我吗？"

"不会的，但是要轻轻地摸，这样它才会舒服。"

于是安琪和子傲开始轻轻地抚摸它，被摸得舒舒服服的白猫很安静地趴在地上，任凭它的主人怎么叫都不愿意离开。

我们小区里也有只小白猫，每次我们从地下车库走出来时都会遇到它。它总是在垃圾堆里找食物，一身的白毛脏得发灰。前两天我和安琪又遇到了它，我提议：

"安琪，找时间我们给小猫盖个房子吧。"

"好啊！"

"我们要先收集一些盖房子的材料。"

"好的。"

今天带安琪散步回来，我想起了这件事，又开始和她聊起来。

"安琪，我们上次说给小猫盖房子，这个周末我们就开始吧。"

“好的！”

“这些小猫好可怜，它们都没有房子住，很冷的。”

“嗯，我们都有温暖的房子住。”

“是啊，它们只能在这些树丛里找地方睡觉，多冷啊。要是遇到下雨天就更惨了。”

“那它们会被雨浇到的。”

“是啊，如果下雨，它们身上的毛会被淋湿，很不舒服的。所以，我们要给它们盖间温暖的房子。”

“好的，那样它们就不冷了。”

“嗯，还有，你看它们天天要去垃圾堆里找食物吃，它们很饿的。”

“它们天天吃垃圾吗？”

“是啊，它们没有食物吃，只能吃垃圾。所以我们每天吃剩的菜不要倒掉了，拿个碗或盘子装起来给它们吃吧。”

“好的，小猫爱吃鱼，我们每天把鱼留点给它们吧。”

“嗯，可以，不过我们吃剩下的才可以给它们吃。”

“爸爸，那我们吃剩了就给它们吃，如果没有吃剩的就不给它们吃了，好吗？”

“好的！”

安琪爸爸想说

1. 有这个想法很久了，只是一直都没有行动，这次一定要和女儿一起去做这件事。想想以前丢掉的食物真的挺可惜的，今天早上看到那只小猫在舔食垃圾，真的挺可怜的。

2. 以后我们晚饭后又多了一项活动——喂猫，相信这个过程中肯定会发生一些快乐的事儿。

☆银行里排队也是教育的好时机

2013 年1月26日　下午

以往在和女儿互动过程中，我比较关注“预防”，就是在发现问题后思考用怎样的方法将问题解决。渐渐地我发现这样做还不够，我还应注重女儿的“发展”。

寒假过去了一个星期，每天都在陪女儿玩，我是把自己当成孩子一样在和孩子玩耍，以至于和我们一起玩游戏的小朋友们都不愿意回家吃饭。

今天上午我带着小丫头去了好多地方：去面包店买面包——去肯德基吃早餐——到商场逛了一圈——去旧城区的村落里走一走——去五星级酒店里逛一逛——去银行排队办理业务——去国美换礼物——回到小区里和新结识的几个小朋友喂小狗。小丫头一路走，一路问个不停。还感叹：

“爸爸，你怎么什么都知道。”

“有些事情我也不知道，我也要不停地学习。”

“哦！”

“我知道的可以告诉你，你知道的也可以告诉我。”

“嗯，我也知道很多事情。”

今天在银行排队办事的过程也很有趣。

我俩走进银行的时候见到排号机正在维修中，窗口前排了长长的队伍，本来我并不着急办业务的，但一想这是一个教育的好时机哦，于是我问她：

“安琪，你可以和我一起排队等待吗？”

“可以。”

于是，我拉着安琪排到队伍的最后边。我从袋子里取出一本书拿在右手里读，左手牵着安琪。她一边排队，一边小声哼着歌，漫无目的地四处张望。过了一会儿，她问我：

“爸爸，怎么这么久还没到我们啊。”

“排队就是要慢慢地等的，请你帮我数一数前面还有几个人吧。”

“好吧！一，二，三，四，五，六，七，爸爸，还有七个人。”

“好的，那等还剩两个人的时候你告诉我，好吗？”

“好的！”

“你也可以帮我看看，办一个人的业务要多长时间。”

“好的。”（我发现她的计时方法是慢慢地数数。）

就这样，小丫头耐心地陪着我排完了队，办完了业务。这个过程中，我看了五页书，她哼了几首歌，还找了点事儿做。

安琪爸爸想说

排队是培养孩子耐心的好时机，千万不要在排队过程中向孩子传递排队枯燥、辛苦的负面信息，否则，会让孩子觉得排队是件痛苦的事儿。

☆奶奶已经很辛苦了

2013年1月29日　下午

昨晚，奶奶做了手擀面，非常好吃。可是安琪却提出了抗议："我不想吃面条，我要吃米饭。"

爷爷一听这话着急了，说：

"今天奶奶擀的面条可好吃了，你尝尝！"

"不吃，我要吃米饭！"

"要不等爷爷吃完饭，去外面给你买点饭回来。"

"不要，我现在就要吃。"

……

建议没有得到安琪的认可，还是拒绝吃面条。我用眼神让两位老人不要说了，坐下来吃饭。我对安琪说：

"安琪，你跟我来！"

她跟我到了厨房。我把电饭煲内胆拿出来给她看：

"你看，今晚奶奶只做了面条，没有做米饭。"（这时奶奶从冰箱里拿出一碗中午的剩饭，想让我帮她炒热，我再次用眼神让她放回去。她很丧气地用东北话抱怨："哎呀！跟你们没个整！"看得出她已经对此感到很厌烦了。）

"爸爸知道你很想吃米饭，不过要等明天中午才能有米饭吃。你可以选择现在吃面条，也可以选择等到明天中午再吃米饭。"

"那我吃面条。"

“好的，你端着碗，我帮你往里夹面条，等够了的时候，你告诉我。”

就这样，她吃了满满的一碗面条。

等快吃完的时候，我故意大声地说：“哎呀！ 我不想吃面条了，我想吃饺子。”

“那等明天让奶奶包饺子呗！”安琪马上提出建议。

“不行！ 我现在就想吃。 安琪，我们让奶奶现在就包饺子，好不好？”

“不好！”

“为什么呢？”

“奶奶做面条已经很辛苦了，再包饺子就更辛苦了。”

奶奶感动地说道：“哎呀！ 我的宝贝什么都懂啊，知道奶奶辛苦啊！”

“嗯！”

过后我问妈妈：“如果今天她一定要吃米饭，你怎么办？”

她答我：“那也没招啊，也只能给她做啊！”

相信绝大部分的老人在带孩子的时候最怕孩子提出异议，更害怕孩子哭。 遇到这样的情况时，他们的头脑马上会进入“懵”的状态，只知道尽一切努力来满足孩子的需求，让孩子停止吵闹和哭泣。

安琪爸爸想说

1. 安琪表达出不喜欢吃面条是很正常的事情，因为当下她就是这么想的，我不能去否认她的感受。 一再告诉她面条很好吃，让她吃，其实这是在否定孩子的感受。

2. 当孩子提出无理要求时，过多的解释和建议只会让孩子陷入选择混乱中，对于问题的解决无益。 首先要对他们的感受表达理解，帮他们平定情绪。 接着帮他们分析现在面临的情况是怎样的，把选择权交给他们，他们往往会做出最有利于自己的选择（而不是我们所认定的最佳选择）。

3. 从这个例子可以看出，孩子的任性往往都是成人不理性的做法培养的。所以，下次再遇到这样的事情时，家长千万别“懵”。

☆良好的品德是被感染的

2013年1月29日　下午

以往经常会对学校德育感到失望（不特指哪一所学校，这种现象普遍存在），为什么德育工作者花了那么多的精力和时间去开展德育工作，但培养出来的孩子道德品质却普遍不高呢？对这个问题我倍感疑惑。直到前几天我读到一句话后，才让我明白其中的原因所在。这句话是：良好的品德是被感染的，而不是被教导的。

很多学校的德育工作将重点放在发现问题后的教育引导，而对能够感染学生的德育环境营造考虑过少。即使有，也只是口号式的，看着很美好，就是落不到地上来。

相对于学校，在孩子品德方面的养成，家庭教育的作用同等重要，其中的道理和方法也是互通的：良好的品德是被感染的，而不是被教导的。

奶奶家的楼下很多挡下水口的铁盖被人拿走了，留下一个个大窟窿，真的很危险。很久了，物业都没有重新补上。前天中午，我和安琪路过楼下的一个窟窿时，我对安琪说：

“这么大个窟窿，要是天黑有人不小心踩进去就惨了。”

“踩进去肯定会受伤的。”

“是啊！我们还是找个东西把它堵住吧。”

“好的。”

于是，我们开始行动，在小区里四处搜寻，终于在角落里找到了一块大小刚好合适的瓷砖。当我们用它堵住窟窿时，安琪满足的表情告诉我她心中的喜悦。

当晚，我们一家人出来散步时，我故意指着这块瓷砖，问她：

“这块瓷砖是谁放在这里的啊？”

“我们俩呗！”

“我们为什么要把它放在这里呢？”

“这样别人就不会不小心踩到里面去了。”

“嗯！”

今天我们在小区里玩时安琪又发现了一个窟窿，她向我提议：“爸爸，这里又有一个洞，我们再找个东西把它堵上吧。”

“好的！”

安琪爸爸想说

安琪参与的这件小事儿，从行动一开始就被定下了正向的基调——为他人着想，心中有他人。小丫头一直在其中被感染着，并通过行动证明自己虽然人小但也是有能力帮助别人的。类似的利他行为做多了，孩子助人的品质也就形成了。

相比空洞的教导（我们要做一个对他人有帮助的人，要做一个心怀他人的人），这种带着孩子实实在在地参与其中的活动应该会更显给力吧！？

☆因分享而生的困惑

2013年2月24日　夜

当孩子将自己好吃的食物与小朋友分享，可是对方有好吃的东西却不给他时，孩子跑来向你求助："妈妈，我把我的好吃的东西和他分享了，可是他有好吃的却不给我。"遇到这种事儿，你会如何应对？

这些天，每天晚饭后，安琪都要我们带她去小区士多店找阳阳玩，几乎每次出去前她都会选好两颗糖果，告诉我：

"一颗是我的，一颗是给阳阳的。"

"嗯，好的！"

见到阳阳后，安琪会先把糖果分给阳阳：

"阳阳，这个是给你的，这个是我的，吃吧！"

阳阳每次都是嘿嘿地笑着接过糖。接着，两个小丫头一边吃糖一边开心地玩。

周五的晚上，两人开心地吃了糖，玩了好一阵子后，安琪提出要和阳阳看她幼儿园新发的书。我建议他们去阳阳家的士多店里看，那里亮一些。就这样，安琪看完一本就跑出来换另一本，等换过了三本书后，第四次却气呼呼地跑出来，向我告状：

"爸爸，我告诉你一件小气的事儿。"

"什么事儿啊，说来听听！"

"我把糖分享给阳阳吃了，她吃东西却不分享给我。"

“你有告诉她，你想吃吗？”

“我说了，她也不给我。我都小声地和她说，也说了‘阳阳请你给我吃一点儿’，她也不给。她真小气，我不和她玩了。”

当时，我真的不知如何同一个刚刚四岁的孩子说清楚我们对别人好，但不能期待对方也会同样对自己好的道理，我只好对她这样说：

“你把你的糖果分给阳阳吃，她有好吃的却不给你吃，你觉得很不公平，是吗？”

“是的！”

“不过，每个人都有权利决定自己的东西是否可以给其他人，阳阳的东西，她可以决定给你，也可以决定不给你。同样，你也可以决定自己的东西要不要给阳阳。”（我觉得自己这段话说得不够好，但又不知道如何更好地表达，希望读者可以帮忙想想如何应答会更好。）

安琪显然对我的这段话不太满意，见到阳阳走出来后，她走过去大声地对阳阳说：

“阳阳你太小气了，我给你糖吃，你有吃的却不给我，我不和你玩了。”

正好这时安琪的另一个朋友翔翔路过，安琪就跟翔翔去玩了，抛下了阳阳。谁知和翔翔玩了一圈后，在回家路过阳阳家士多店时，安琪显然把刚才的事情都抛在脑后了，又跑去找阳阳玩了。倒是阳阳很奇怪：

“你刚才不是说不和我玩了吗？”

“呵呵！我已经原谅你了！”

今天（周日）早上，安琪吃完早餐就要去找阳阳玩。走之前她拿了两颗口香糖和两袋果冻，并强调一份是自己的，一份是给阳阳的。

我很欣慰地看到安琪没有因为阳阳拒绝和她分享而不再给阳阳带零食。这再一次让我体会到“儿童是成人之师”这句话。试想，我们成人又有几人能做到呢？

安琪爸爸想说

1. 和孩子交往过程中，我自觉很多时候都可以轻松地应对，这一次真的把我给难住了，在面对安琪这样一个问题时，我当时真的不知道如何向她解释。不过现在想来，我可能太着急了，可能我只要做一个倾听者，用同理心给予理解和支持就够了，剩下的让她自己去慢慢领悟不是更好吗？

2. 成人永远不要低估孩子，更不要高估自己。在孩子面前，我们一定要怀着虔诚之心向其学习。孩子的心纯净无比，孩子的情感细腻至极。他们的喜怒可以直接袒露，他们的悲伤可以转瞬即逝。我们能做的、最好的，就是尽量不要给他们的成长过程中增添阻碍。

遗憾的是，很多父母都在努力地做一些看似帮助，实则添堵之事。

☆每日清晨

2013年3月14日　夜

每日清晨的短暂时光是我和女儿彼此传递爱意的黄金时间。关心的眼神，轻柔的拥抱，调皮的亲吻，还有说“我爱你”。

随着新学期开学，每日清晨我和安琪的作息又重新回到了原来的状态。闹铃响起，我起床洗漱。

安琪见到我起床会喊：“爸爸，爸爸。”

我会回她：“爸爸先洗脸，刷牙，你再躺一会儿吧。一会儿来抱你。”（有时她也会和我一起去刷牙。）

等我洗漱完毕后，要过去抱一会儿她，静静地坐着搂着她。接着带她去换衣服。以前她换好衣服会让我再抱一会儿，然后帮我按电梯按钮，目送我出门。接着她会跑到阳台上，向走出去的我大喊：“爸爸，你今天下班要第一个回来。你要记得，我们拉过钩了。”

这几天，有了新变化。抱了她一会儿后，我会把她放到床上，告诉她：“你在这里穿衣服，我去帮你拿书。等你穿好衣服后给你读。”

她会快快地穿好衣服，然后跑到沙发上坐着，认真地读书。不再帮我按电梯按钮，我轻声地在她耳边和她说再见，她则头也不抬地说：

“嗯，你要第一个回来。”

“好的，我会努力的。”

“你努力也要第一个回来。”

“知道了。”

安琪爸爸想说

我很珍惜这样的时光，我不知道这样的状态能够持续多久，因为总有一天孩子会开始拒绝你的拥抱。我们在孩子的心中也会慢慢变得不再那么重要。不知到那时，我会是高兴还是失落。

☆秘密行动

2013年3月21日 夜

昨天下班回到奶奶家，奶奶在做饭，安琪站在窗台前观看外面的风景。我故作神秘地叫安琪走过来，安琪被我的举动逗起了兴趣。她小声地对我说：

“爸爸，你要和我说秘密吗？”

“是的。”

“什么秘密啊？”

“等一会儿，咱们俩一起去厨房找奶奶，对她说‘我爱你’。”

“好！”

“我抱着奶奶，对她说：‘妈妈，我爱你！’你怎么说呢？”

“那我就抱着奶奶，对她说：‘奶奶，我爱你！’”

“好的，你穿上鞋，我们去吧。”

“你抱着我去吧。”

“我抱着你就没办法抱奶奶了。”

“那好吧，你等着我穿鞋。”

我领着安琪走到客厅，奶奶正在从冰箱里拿东西，我从她的背后抱住她，对她说：“妈妈，我爱你！”

奶奶听到后，很感动地说：“我也爱你啊！”

安琪见我说完了，就凑过去，用手搂住奶奶的大腿，用脸贴着奶奶的腿。

然后她对我们俩说：“我就这样抱着奶奶，什么都不说。”

我和奶奶都被她可爱的样子给逗笑了。

晚上在睡觉之前，我对安琪说：

“你自己在这里躺着，我出去找妈妈说事情。”

“你是要和妈妈说‘我爱你’吗？”

“是啊！”

“那我和你一起去。”

“可以啊，走吧。”

到了客厅，我对老婆说：“老婆，我爱你！”并吻了她一下。

安琪见了，很乖巧地投进妈妈的怀里，和妈妈拥抱。

安琪爸爸想说

1. 把心中对家人的爱表达出来，让爱在家中流动，整个家就会充满爱意。生活在其中的人自然会感受到温暖和喜悦，幸福就随之出现了。

2. 带着孩子去表达爱，孩子看着爸爸的示范，他们慢慢会觉得表达爱是件平常事。同时他们见到家人彼此相爱，也会感到生活在这个家中是多么安全，多么舒服。

☆上课和学习的区别

2013年3月23日　晴

今天参加了一整天的培训，很用心地听，也积极地思考，收获颇丰。

下午的培训18:10结束，19:10又要开始晚上的培训。幸运的是培训地点就在岳母家附近，于是我跑过去吃晚饭。吃饭间，想预先让安琪知道我还要出去学习，于是对她说：

"安琪，一会儿爸爸吃完饭后，还要去上课。你和妈妈先回去。"

"怎么晚上还要上课呀？"

"是的，爸爸要去学习怎样才能更好地爱你。"

"那你是去上课，还是去学习啊？"

"上课和学习不一样是吗？"

"是的啊！"

"那什么是上课呢？"

"上课就是给你的学生讲怎样更爱爸爸妈妈。"

"那什么是学习呢？"

"就是你去学习怎样更爱我啊！"

"哦，你说得真好，分得真清楚哦。那你喜欢我去学习吗？"

"喜欢啊！"

按我们的约定，每周的周六，安琪都可以去奶奶家和奶奶睡一晚，这是她最期待的。我临走之前，安琪告诉我：

“爸爸，明天早上你要第一个来奶奶家接我。”

“爸爸明天也要上课，只能是妈妈去接你。”

“那妈妈，你要第一个去接我。”

“好的！”

“可是爸爸，我明天想要看到你啊。”

“那爸爸就早上先去奶奶家抱你一下，再去学习。”

“怎么那么少时间。”

“那我就多抱你一会儿，再走。”

“那你要第一个来抱我。”

“我会的！”

安琪爸爸想说

记下这些文字后我突然意识到：亲子间的沟通如果只是交流信息，那这种沟通将会是低层次、低效能、冷冰冰的。而如果沟通中加入了情感的传递，那么效果则会大大不同，孩子将会感受到浓浓的爱意。

然而，太多的母亲传递的多是负面情绪，更多的父亲不屑于儿女情长。

☆给孩子关爱妈妈的机会

2013年3月29日 上午

昨晚晚饭后，安琪妈妈感觉不舒服，双腿感到无力，于是我们很快就离开了奶奶家。在回家的路上，我向安琪提议回家后我们一起照顾妈妈。

等妈妈洗完澡，我带着安琪去床上帮妈妈按摩。我负责按腿，安琪则爬过去搂住妈妈的头亲了亲，然后拉着妈妈的手，用自己的小手轻轻地拍打。接着她又跑过来帮妈妈按摩另一条腿。她的两只小手有规律地、反复地掐捏着妈妈的小腿，样子显得熟练而可爱。

我想被我俩用爱呵护过的妈妈心里一定会很温暖吧。

安琪爸爸想说

1. 我们成人经常用语言教育孩子要学会感恩，这样的方式既苍白，又无力。只有让孩子体会到关心他人时的付出和用心，他们才能在被别人关心时感受到对方的用心和爱，才会对他人心存感恩。

2. 父母在遇到困难时，要学会在孩子面前适当示弱，告诉他们我们也需要他们的关爱和帮助。这样不仅让孩子有机会关心我们，也会让他们学会担当。在帮助成人的过程中，孩子的自信心也会生长。

3. 不要总是在孩子面前扮演强者，哪怕生病了，还要坚持为家人服务。虽然这样会显得妈妈很伟大，但却传递出一种信息——妈妈很强大，不需要关爱。这样不仅委屈了自己，也会给孩子做了坏榜样——不需要“爱自己”。

当然，我们也不能因为要孩子有颗感恩之心就总是以弱者的姿态面对孩子。

☆亲子沟通，技巧很重要

2013年3月30日 晴

当孩子的行为让父母或老师感到困惑时，我们可以将我们的困惑向孩子表达出来（语气要平和，态度要诚恳），这样可以将解决问题的选择和决定权力交回给孩子，这样不仅不会让沟通演变成冲突，而且孩子有了决定权也会更愿意改变。

曾有段时间安琪每天都会和我们一起刷牙，可是暑假期间去奶奶家睡了一段时间后，这个习惯就被打破了，经常要提醒几次才刷，有时甚至就不刷了。这个问题一直困扰着我们。

今天，这个问题解决了。

今天是周六，早晨安琪早早地醒来，自己打开小音箱安静地听故事。等妈妈起床刷牙时，安琪也跟着起来在地板上玩。妈妈让她去刷牙，她不去，一直在玩。我看机会来了，马上对她说：

"安琪，现在爸爸遇到一个难题，需要你的帮忙。"

"什么问题，你说吧！"

"你不刷牙，爸爸为了保护你的牙齿，就不能给你糖吃，但如果我不给你糖吃，你又会不同意，会感到不快乐。爸爸真的很难办，你可以帮我想个办法吗？"

"我想不到啊！"

"你好好想想吧。"

“那我吃一个口香糖就行了呗。”

“口香糖可以除掉气味，但是不能去除细菌。还有其他办法吗？”

“那用我的电话，我把它变成真的手机，让它进我嘴巴里吃掉细菌。”

“嗯，你觉得这个办法可以吗？”

“哈！那还是你想个办法吧。”

“你让我帮你想办法啊？”

“是的。”

“那我有两个办法：一是你每天认真刷牙，二是你不吃糖了。你可以选一个。”

“那我选认真刷牙。”

“那你是早上刷，晚上刷，还是早上晚上都刷呢？”

“早上晚上都刷。”

“需要爸爸妈妈提醒你吗？”

“不需要。”

“哦，你想早上晚上都认真刷牙，不要爸爸妈妈提醒，见到爸爸妈妈刷牙就自己去刷牙。那如果你不刷牙怎么办呢？”

“那我就不吃糖。”

“嗯，好的，爸爸记住了。”

“那我去刷牙了。”

“等等，让我先刷。”

“不行，我先刷！”(她在和我抢着要先刷牙。)

她去刷牙了，而且是她自愿地去刷牙了。为了让她以后也会遵守约定，我还将她的话写下来，并读给她听，她对我写的内容很认同。然后我把这张纸贴在洗手盆旁，提醒她对此事做出的承诺。

安琪爸爸想说

想要做好亲子间的沟通，技巧真的很重要。这只是我学到的办法之一，还有很多我要慢慢实践，等积累了案例，我真的要开个父母培训班，帮助更多的朋友成长。

生活中父母和孩子之间的问题，几乎都是沟通模式出了问题，因此，每个做父母的人，如果想让自己和孩子间相处融洽，让家庭和谐幸福，沟通技巧是门必修课。

☆不珍惜，只因没有经历

2013年3月30日　晴

关于安琪的教育，奶奶很多时候都会很认同我的方法并保持一致，但就是在孩子吃饭的问题上，总是担心孩子吃不饱，常常会在我们不在家时给孩子喂饭或哄着吃饭，导致安琪每天吃晚饭都会一边玩一边吃。

为了改变这种状况，我和安琪就关于吃饭一起做了约定：家里每个人要在饭桌旁坐好认真吃饭；因为她是小孩子，吃饭慢，因此，等最后一个大人吃完了饭后会再给她十分钟时间，时间到了就会收碗；如果没吃完，当晚就不能吃零食。结果，她基本每次都能够在规定的时间内吃完饭。

但由于在奶奶家，有时要照顾老人的感受，安琪也仰仗着有奶奶在，所以她最近吃饭总是磨磨蹭蹭，常常吃到最后，饭都凉了，看到要收碗了，才抓紧吃。我一直都想找个机会饿她一顿。

机会来了。

昨晚家里吃火锅，安琪还是一直玩，不吃饭。奶奶催促了几次之后，我请求她不要再催了。说实话，这种催促不仅不起作用，还会让大家都感到心烦，也会让孩子感受到吃饭成了她的任务。就这样，安琪在大家都吃完饭后，她的饭几乎还没有吃一口，都凉了。等过了十分钟后，我和善而坚定地对她说：

“安琪，我们都吃完饭了，你还有这么多，今天不能再吃了，今晚你只可以喝水，想吃东西要等明天早上。”

“不要，我要吃。我现在就吃。”

“吃饭的时间过了，今天不能吃了。”

“不要嘛，我要吃。”

奶奶过来帮她说话：“好的，你现在马上坐在这里吃吧，不能再跑了。”

“今天肯定是不可以再吃了。”我看着她的眼睛，低声而坚定地说。

安琪因此哭了起来，喊着要在奶奶家睡。

“今天不行，周六才可以，明天你可以来睡一天。”

“不要，我就要在奶奶家睡。”

“我说过了，明天可以过来睡一天。”（语气温和，但态度坚定。）

她只好跟着我和妈妈离开了奶奶家。哭声也渐渐停了下来。

我们在小区里和小伙伴玩了一会儿后，她就把这事儿给忘了。回到家里，她问我：

“爸爸，我可以吃饼干吗？”

“不可以。”

“那吃水果可以吗？”

“也不行，你可以喝水。”

“哦。”

睡觉前，她应该是很饿了。

“爸爸，我想吃东西，今天晚上我什么都没有吃。”

“爸爸相信你可以坚持到明天早上的。”

“我不能坚持。”

“你可以的！”

“嗯，那好吧！”

今天早上她吃早餐吃得非常认真，从来都没有这么认真吃过早餐。我问她：

“饿的感觉舒服吗？”

“不舒服！”

“要不今晚还不吃晚饭吧。”

“我要吃！”

“你今晚还不吃饭吧。”

“我才不要呢，我可不喜欢饿的感觉。”

“哈哈！！”

安琪爸爸想说

1. 如果只有规定不去执行，那这种规定就会形同虚设，同时也会降低父母的权威，孩子会对父母产生怀疑和不信任。

2. 很多家长心疼孩子，害怕孩子会饿到，即使有了约定，但执行起来不坚决。这样不仅不能解决问题，还会让问题变得更糟。因为孩子以后会肆无忌惮地破坏约定。

3. 孩子饿一次不仅饿不坏，而且还会有很多好处。饿是一种感觉，如果不让孩子经历，也算是一种感觉的剥夺；饿了之后孩子收获教训，下次会认真进餐；让他知道爸爸是说到做到的，这有利于树立父母在孩子心中的威信，也有利于建立孩子对父母的信任感。

☆引导孩子爱学校，爱老师

2013 年 4 月 3 日　下午

在我自己的求学道路上，遇到过许多不同气质类型的教师，有我喜欢的，也有不太喜欢的。而对老师的喜爱程度常常直接影响到我对相应学科的喜爱程度。这让我深切地感受到"亲其师，信其道"的深刻含义，也让我明白搞好师生关系也是人生中的一个不可回避的重要话题。

尽管我们要让孩子意识到学习是她自己的事儿，要由她自己负责。但是要想引导孩子喜爱她的学校，爱她的老师，可真的需要家长给予一些积极的、正面的引导。这个问题上，我会在生活中努力抓取每个细节，用心去引导女儿爱她的学校和老师。

这是发生过的几件小事。

事件一：在安琪上幼儿园之前，我经常带她去幼儿园玩沙子、玩具和滑梯。玩得高兴的时候，我就故作感叹：

"这么漂亮，这么好的学校，谁的呢？"

"是我的！"

"我要是也能在这么漂亮的学校上学就好了。"

"那你和我一起来这里上学呗。"

"可是这里只让小孩子进来学习，不让大人来啊。"

"大人真的不让来这里上学吗？"

"真的啊！"

“哦！”

在那之后，每次我们路过她的幼儿园，我都会感叹：

“哇！ 这么好的幼儿园，是谁的啊？”

安琪总会很自豪地回答：“是我的！”

“我也想来这里上学。”

“不行，老师不让大人在这里上学，只让小孩子进去。”

评语：当孩子很自豪地说“这是我的学校”时，学校对他们来说就已经成了乐园。

事件二：以前，周末的晚上知道自己第二天要上学了，安琪会表现出不悦，不想上学。 我会暗示她：

“你要是不去学校，老师会多么失望啊，她会很想你的。 你的好朋友看见你没有去也会很伤心的，他们也会很想念你的。”

“他们真的会想我吗？”

“当然了，你经常帮助老师做事情，是老师的小助手。 同学遇到困难了，你也总是去热心地帮助他们，他们当然会想念你了。”

评语：当孩子知道有一个地方，那里总是有人想念着自己、需要自己，那个地方就会产生强大的吸引力时刻吸引着他们。

事件三：一天，安琪在学校摔了一跤，膝盖摔青了一块儿，老师帮她擦了药水。 晚上洗澡之前，她脱了裤子，独自一人在那里感叹：

“我摔疼了，老师还帮我擦药水，她怎么对我那么好呢？”

我听到马上跟着她感叹：

“是啊！老师是多么爱你啊，看到你摔伤了，赶紧帮你擦药水。老师可真好啊！”

评语：老师在小孩子心目中是十分圣洁的，引导孩子读懂老师对他们的爱，会让他们幼小的心灵变得更加细腻。

小丫头前几天对我说：“我们学校的老师可好了，比爸爸学校的老师还要好。”真的好感谢幼儿园的老师能够给予孩子无私的爱，让孩子们敢于亲近，如此爱戴。

事件四：一次在和安琪聊天的时候，她提到三个老师中，她不喜欢生活老师。因为她不教唱歌，也不教跳舞，每天只是做洗东西、叠被子之类的事情。

关于这事儿，我和她聊了一会儿：

“某某老师和某某老师每天教你们唱歌、跳舞，给你们上课，她们很棒，你很喜欢她们是吗？”

“是啊！”

“你觉得某某老师不会给你们上课，所以你觉得她不够好，是吗？”

“是的。”

“不过，爸爸觉得某某老师也很爱你们呢，你看她每天在你们去幼儿园之前就已经将教室打扫得干干净净了；你上次尿了裤子，她还帮你洗了裤子；你们午睡的时候她要帮助你们铺被子，睡醒了，还要再帮你们收好床铺。多辛苦啊！所以，爸爸觉得她也很辛苦，也很爱你们，你觉得有道理吗？”

“嗯，有道理！”

今晚，一楼的女孩来我们家玩，她说：“我今天拉肚子，请假了，没去幼儿园。”安琪回答她：“请假才不好呢，那就不能见到老师了，我们的老师可好了。”

安琪爸爸想说

1. 多在孩子面前说说老师的优点，在老师的行为中找寻到爱的存在。孩子在感受到老师的爱的同时，也会爱他们的老师。

2. 我们总是喜欢那些喜欢我们自己的人。当孩子喜欢老师的时候，老师也会喜欢他们。这个秘密很少有人知道。所以如果你想让老师喜欢你的孩子，就想办法引导孩子喜欢他的老师。

☆守护自己的疆界，维护自己的权益

2013年4月4日 下午

生活中不乏这样的父母，认为自己和孩子之间亲密无间，很多物品都可以和孩子共用。自己的包可以让孩子随便翻看，孩子的书包自己也可以随意查看。属于孩子的事务，也不问孩子的意见，任意包办或插手干预。

这样做会导致孩子变得分不清界限，搞不清彼此。他们会随意侵犯别人的“疆界”，招致他人的厌弃；也不会保护自己的“地盘”，可以任他人随意践踏。

也有很多这样的父母，当孩子与其他小朋友发生争执时，碍于情面，或者以为自己的做法可以让孩子学会谦让，总是提出让自己的孩子让一让；小朋友来家里做客，自作主张地将孩子的玩具和零食拿出来分享。

这种错误的引导和示范，会让孩子觉得自己不重要。当受到他人侵犯和不公平对待时，首先想到的不是反抗和维护自身的权益，而是消极退缩，自我疗伤。

虽然我们不能教孩子去侵犯他人，但是自我保护的意识和能力总是要教会孩子的。那么我们可以怎样引导孩子学会保护自己的领地，维护自己的权益呢？答案是我们要在生活中给孩子做好示范。

事件一：请你不要打扰我

在我读书或者工作的时候，安琪过来找我玩，我会轻声告诉她："爸爸在工作，请你自己去玩一会儿，不要打扰，等我做完工作再和你玩！"听到这话，她会知趣地离开，自己去玩。在这样的示范下，安琪有时也会以同样的方式提出不要打扰她的阅读或者游戏。

有时我在和别人讲话时，她有话急着和我说，就会打断我们。每次，我会先停下来，耐心地听她说完。等她说完后，我会看着她的眼睛对她说："爸爸在和叔叔说话，下次请你等我们说完再和我说，好吗？"

反思：要想让孩子学会维护自己的"地盘"，父母首先要做好维护自我"疆界"的榜样。

事件二：礼貌地提醒他人的无礼行为

一天我们约楼下的小男孩来家里玩。小男孩进来后，感到很好奇，到处翻弄，见到吃的就拿来吃，见到玩具就拿来玩。我把他拉到身边，和善而坚定地对他说："某某，你是安琪的小客人，我们很欢迎你来我们家玩，但是请你不要到处翻东西，如果你想吃食物或者想玩玩具，请你先问下安琪。"

还有一天，另外一个男孩(和安琪不太熟)来家里玩，同样也是乱翻东西，安琪很和气、很礼貌地对他说："某某，请你先问问我，再拿我的东西，好吗？"不过，她对熟悉的朋友则不会这样，她会告诉对方"我的玩具，你都可以玩"。

反思：我们成人经常不懂得如何拒绝他人，搞得自己很难受。很多人都想努力改变，但却总是不知如何入手，常常碍于情面，难以启齿。如果当孩子还小的时候，我们就教会他们礼貌、和善地表达自己的感受，向对方提出拒绝，他们就会觉得这是很正常的事了。

事件三：要说“请”

在家里，当我们需要安琪帮忙做事情的时候，我们都会很礼貌地请她帮忙。同样安琪有时也会需要我们的帮助，她有时会用命令的语气叫我们帮她，每当这时，我们都会提醒她：“请你好好说”或者“要说‘请’字”。她会马上改口用和善的语气再提出一次请求。

反思：不要以为是亲子，就没有必要客气。亲子间也要划清界限，不要互相越界。请求对方帮助时毕竟花费了对方的时间和精力，礼貌的请求可以让帮助的过程多一些自愿，少一些厌烦。

事件四：自己的身体要自己爱护和保护

当女儿被其他孩子侵犯后来找我求助时，我会教她如何使用语言、语气和力量向对方提出抗议和警告——“你不可以打我！”

我也会告诉孩子要爱护自己的身体。如果受伤了，不仅她自己会疼痛，爸爸妈妈也会感到心疼。自己身体的“秘密”部位不可以随便给别人看，更不可以给别人随便碰触。如果有人乱碰，就大声地告诉对方“你不可以摸我的秘密，我会告诉我爸爸”。

事件五：你的，我的，大家的

小孩子在两岁多的时候会经历“物品所属权”的关键期，那时她会努力保护自己的物品不被他人动用。这个时期父母要协助孩子顺利度过，而不要认为孩子很小气，什么东西都不愿意和人分享。

现在，在我们家里，所有物品的归属都分得很清晰。哪件属于爸爸，哪件属于妈妈，哪件属于安琪，还有哪些东西是大家可以一起用的，都分得清清楚楚。在一些较私密性的物品的使用方面，我们也会要求孩子要经过我们的允许才能去看。例如，安琪曾经没有问我就翻看我的包，我就及时告诉她："你想看爸爸包里有什么，对吗？那你要先问我可不可以看，如果我同意了，你才可以打开；不同意，你是不可以打开的。"同样，我们在打开她的书包前也会先征询她的同意。

反思：一些孩子上了小学，常常会将学校和同学的物品带回家，也有的孩子会随意去拿别人的物品来玩。这都因为他们的物品所属权界定不清晰，也不懂得尊重他人物品所有权的表现。

事件六：公平地对待孩子间的争执

小朋友们在玩耍的过程中难免会起争执，如果孩子不来求助，家长尽量不要插手，让孩子自己去解决。若孩子过来求助，我们要以公平的态度去协助孩子解决问题，让孩子从中获得成长，千万不要当一个乱出主意的和事佬。

反思：我们不能因为是自己的孩子就极力偏袒，也不要碍于情面让自己的孩子吃亏。另外，聪明的父母会使用"智商"想出办法帮助孩子解决问题，智慧的父母则会使用"情商"处理孩子的情绪，协助孩子自己寻找解决问题的办法。

安琪爸爸想说

1. 孩子的问题产生于生活，解决问题的办法也在生活之中。聪明的父母会在问题产生之时，想办法将其解决；而智慧的父母会在孩子出现问题之前，就已经协助他们练就应对问题的能力。让我们一起学习，努力做智慧型的父母吧。

2. 孩子在守护自己的“疆界”，维护自己的权益的过程中，付出了努力，体会到了辛苦。这样他们也不会轻易去侵犯别人的领地，抢夺他人的利益。

☆经常被疏忽的家教盲区

2013年4月12日 早上

前两天看了一段视频，视频中的幼儿园教师（应该是日本的幼儿园）训练孩子做事的过程让我深受启发和警示。

视频中，一个不到两岁的小女孩，在老师的引导（不是帮着做）下在搓衣板上搓洗毛巾，拧干（当然是洗不干净，拧不干的，但是老师都没有帮助她）。接着老师领着她到晾晒毛巾的架子旁演示如何把毛巾晾晒到架子上，然后让小女孩自己来晾晒。老师再演示如何用特质的夹子夹上湿毛巾，老师的动作一直是在女孩的注视下完成的，然后女孩自己用夹子夹毛巾（女孩夹好后，脸上充满了喜悦）。接着老师示意她，要把干了的毛巾取下来。小女孩先取下夹子，观察了一会儿，把它放进专门放夹子的篮子里，然后取下干毛巾。老师再带着她走到装干毛巾的抽屉前，里面整齐地放着各种大小的毛巾，老师让孩子观察应该把手里的毛巾放到哪个格子里，然后让她自己放平整。这个过程，老师只是做了带领、示范和引导，没有一次插手帮孩子做事。

我想说的重点是，这个老师在引导孩子按照顺序，系统地、完整地完成一件事情。整个过程包括：洗毛巾——拧干——晾晒——夹毛巾——取下干毛巾上的夹子——把夹子放进篮子——取下干毛巾——将干毛巾按大小放进抽屉里。

反思我自己的日常做事，就没有系统性，经常是只做一段后就中断了。例如：我看书从来都是在哪里看了就扔到哪里，下次想看常常找不到；用中性笔，经常是用完就将笔杆随手放在一旁，从来不盖盖子，结果经常找不到盖子。这样的例子比比皆是，严重地影响我的生活、工作和课题研究的开展。我之所以会形成这样的做事风格，就是因为从小没有经历过这样的系统训练，而身边的人也很少能够按顺序完整地做事。

看了这段视频后，我有些担心自己会影响女儿，所以我要努力改正了。尽管很难，但我想这也是个很好的修正自己的机会。回想生活中女儿做事，她有时也会出现做事不完整的现象。如从书架里取了书，在床上看，看完就放在床头了，而不是放回书架；她洗完脸后，擦脸的毛巾也是会放在洗手盆旁，而不是挂起来；刷完牙后，牙刷牙膏也不会放回到杯子里……

为此，我计划着在以后的生活中，要努力引导她按顺序、完整地做事。例如：

刷牙：取杯子——接水——湿牙刷——挤牙膏——刷牙——漱口——冲洗牙刷——将牙刷放进杯子——收牙膏——将牙膏放回杯子里——将杯子放回原处。

读书：从书架取书——读书——读完后放回书架（未读完的用书签做标记再放回书架）。

安琪爸爸想说

1. 中国的先贤思考问题时讲求“顿悟”，因此传承下来的智慧都是语录式的，很少讲求逻辑，系统性不强。而西方哲人在思辨过程中，逻辑性、系统性非常强。这种不同的思维形式对我们后人的生活和思维模式影响很大。

2. 良好的做事模式，会提升我们的生活品质，那些杂乱无章的做事风格往往会让人短暂爽快，却给以后的生活和工作增添许多慌乱和不便。

3. 对于成人来讲，像我自己，要想改变原来的坏毛病，真的要花很大的努力，但是如果从小开始培养孩子这个好习惯就容易得多。而这个好习惯会让孩子的一生受益无穷。

4. 理念指导行为。我们这样做的目的是培养孩子养成做事讲求逻辑性、系统性和完整性的好习惯，而不是每件事都要他们按部就班地按照既定程序去完成。

出 版 人　所广一
策划编辑　殷梦昆
责任编辑　殷梦昆
版式设计　曹友廉　郝晓红
封面设计　曹友廉　吴烟钿
插图绘制　邱　南
责任校对　贾静芳
责任印制　曲凤玲

图书在版编目（CIP）数据

爸爸，你爱我吗？：一位父亲和三岁女儿的成长故事／安风涛著．—北京：教育科学出版社，2013.12（2014.12 重印）
ISBN 978-7-5041-8113-8

Ⅰ.①爸…　Ⅱ.①安…　Ⅲ.①早期教育—家庭教育　Ⅳ.①G78

中国版本图书馆 CIP 数据核字（2013）第 280226 号

爸爸，你爱我吗？——一位父亲和三岁女儿的成长故事
BABA NI AI WO MA YIWEI FUQIN HE SANSUI NÜER DE CHENGZHANG GUSHI

出版发行　教育科学出版社
社　　址　北京·朝阳区安慧北里安园甲 9 号　　市场部电话　010-64989009
邮　　编　100101　　编辑部电话　010-64989589
传　　真　010-64891796　　网　　址　http://www.esph.com.cn

经　　销　各地新华书店
制　　作　北京金奥都图文制作中心
印　　刷　北京中科印刷有限公司
开　　本　185 毫米×206 毫米　20 开　　版　　次　2013 年 12 月第 1 版
印　　张　12　　印　　次　2014 年 12 月第 2 次印刷
字　　数　108 千　　定　　价　25.00 元